SOUVENIRS INTIMES

TOURS, IMPRIMERIE ROUILLÉ-LADEVÈZE

MA MÈRE

SOUVENIRS INTIMES

Recueillis pour les seuls membres de la famille

PAR

Auguste CHATTON

CHANOINE, VICAIRE GÉNÉRAL DE SAINT-BRIEUC

Surrexerunt filii ejus et
beatissimam prædicaverunt.

TOURS

ALFRED CATTIER, ÉDITEUR

—

1886

MA MÈRE

Le premier bienfait que l'homme reçoit de son Créateur, après le don de l'existence, c'est de trouver près de lui, à son entrée dans la vie, une mère au cœur de laquelle s'est allumée d'avance cette flamme vive et pure qui s'appelle l'amour maternel, et dont le cœur de Dieu lui-même est la source et le foyer. Cette grâce, à elle seule, mériterait une reconnaissance aussi longue que la vie.

Mais quand, à ce don d'une mère tendre et dévouée, Dieu ajoute celui d'une mère qui comprend toute l'étendue de sa mission ; quand la mère est une de ces femmes fortes, sachant allier la fermeté à la douceur, d'un caractère simple et noble tout à la fois, et d'un dévouement au devoir qui ne se dément jamais ; quand elle est douée de cet esprit d'ordre, de travail et d'économie que ne remplace pas la dot la plus opulente, et qu'elle joint à ces qualités rares ce sens religieux qui imprime à tout un intérieur cette physionomie à part à laquelle se reconnaît une maison chrétienne, qui pourrait apprécier dignement un pareil don ?

Et quand un fils a joui de ce trésor et l'a conservé près de lui pendant plus d'un demi-siècle de son existence ; quand surtout il a eu l'incomparable bonheur d'être le compagnon et le consolateur des vieux jours de sa mère, de recueillir son dernier soupir et de rester le gardien de son tombeau, quelles actions de grâces ne devra pas ce fils à la divine Providence ?

Tel est le sort que Dieu m'a fait, et c'est au souvenir d'une si précieuse faveur que je me sens porté à consacrer ces lignes à la mémoire de celle qui fut ma mère.

I

L'ENFANCE

Ce siècle commençait. Ce n'étaient plus les anxiétés des jours de la Terreur, mais ce n'était pas encore le calme parfait ; nos familles chrétiennes se ressentaient toujours de cette commotion profonde qui, pendant dix années, avait suspendu la vie religieuse dans la Bretagne comme dans le reste de la France.

C'est à cette époque que se célébra, dans l'église d'Uzel, le mariage duquel devait naître ma mère.

François Boureaude, âgé de vingt-huit ans, prenait pour légitime épouse Rosalie Douaren, âgée de trente ans, en présence des témoins choisis dans la famille, et du prêtre remplissant provisoirement les fonctions de curé dans la paroisse, en attendant la réorganisation du culte par le Concordat.

François Boureaude était étranger à la Bretagne : ses parents, honnêtes vignerons des environs de Saintes, vivaient simplement du fruit de leur travail. Si la famille n'avait pas reçu la richesse en partage, elle ne connaissait pas non plus les privations de la pauvreté ; j'en juge d'après le témoignage de mon grand-père lui-même. Je me rappelle en effet certains couplets naïfs que le vieux soldat avait composés sur ses campagnes ; et je le vois encore, au coin du feu, tenant un de mes jeunes frères sur ses genoux, et chantant de sa voix un peu tremblante, mais harmonieuse :

> Quand j'étais chez mon père,
> Exempt de la misère,
> Notre gouvernement
> Fit un grand ornement.

Celui qui contait ainsi son histoire avait donc été, comme bien d'autres, enlevé à son village par la cruelle loi de la conscription. Il avait suivi Bonaparte en Italie, et pris part à plusieurs expéditions importantes : il avait figuré, en particulier, au siège de Gênes en 1796.

A la fin de cette campagne, il eût peut-être pu rentrer dans ses foyers ; mais il fut incorporé dans la gendarmerie et attaché à la brigade d'Uzel, charmante petite ville qui domine la riche vallée de l'Oust, et qui, pour la facilité des relations et l'aménité de ses habitants, a toujours été une résidence aimée des étrangers.

C'est là que le jeune gendarme fit la connaissance de celle qui devait être son épouse.

Rosalie Douaren descendait d'une ancienne famille de Moncontour : quelques-uns de ses ancêtres avaient rempli de hautes fonctions dans le parquet ou la magistrature, et son père lui-même avait joui d'abord d'une certaine aisance. Mais des revers étaient survenus, et la jeune Rosalie, restée orpheline dès son bas

âge, fut placée chez des parents à Uzel. Sans
doute, ce n'était pas pour elle une maison
étrangère, mais ce n'était pas non plus la
maison paternelle ; et elle sentit, hélas ! que,
pour un enfant, pour une jeune fille surtout,
rien ne remplace les soins d'un père et d'une
mère. Elle souffrit plus d'une fois, sinon de la
dureté, au moins de la froideur et de l'indiffé-
rence de ceux qui lui accordaient un asile ;
aussi, quand un parti se présenta pour elle,
elle l'accepta avec empressement. Disons tout
de suite qu'elle n'eut pas lieu de s'en repentir.
La paix de cette union ne fut jamais troublée,
et la sérénité des dernières années dont il nous
a été donné d'être témoins n'était, nous disait-
on, que la continuation d'un bonheur presque
demi-séculaire.

Pourtant le nouveau foyer s'était fondé sur
la seule confiance en la Providence : la dot de
la mariée se réduisait à zéro, et la solde du
gendarme, qui allait être la seule ressource du
ménage, était, comme on le sait, bien modeste

à cette époque. Mais, grâce à la conduite rangée du mari, grâce surtout à l'activité, à la
prévoyance et à la sage économie de la femme,
le besoin ne se fit jamais sentir dans la maison ;
on y mangeait de bon pain blanc pétri par la
ménagère elle-même, et tout le monde admirait le bon ordre et l'air d'aisance qui régnaient
dans ce petit intérieur.

Bientôt il naquit un enfant ; c'était une fille
qui ne vécut que peu de jours. L'année suivante, elle fut remplacée par une sœur, qui
devait être ma mère. Celle-ci vint au monde
le 11 mars 1803, et fut présentée le surlendemain à l'église paroissiale d'Uzel, où elle fut
tenue sur les fonds du baptème par M. Thomas-
Marie Le Texier et Mme Louise Le Chaix-Villoya, qui donnèrent à leur filleule les noms de
Marie-Rose. Le prêtre qui fit la cérémonie
était M. Mathon, curé d'office.

Le séjour de mes grands-parents à Uzel ne
se prolongea pas beaucoup après la naissance
de ma mère. Dès l'année 1804, mon grand-père

était transféré à la brigade de **La Chèze**, petit chef-lieu de canton de l'arrondissement de Loudéac. C'est là que ma grand'mère donna le jour à deux nouveaux enfants qui furent ma tante Félicité, née en 1805, et mon oncle Victor, le 9 janvier 1810.

Ces premières années de l'enfance de ma mère s'écoulèrent sans doute calmes et heureuses dans la paix du foyer domestique ; et nous n'avons recueilli d'elle aucun trait bien saillant sur cette période de sa vie. Elle nous a seulement raconté un petit épisode qui avait laissé une impression de terreur dans son esprit.

Mon grand-père fut envoyé en détachement à Binic pour un motif que nous ignorons ; peut-être la situation de ce petit port de mer demandait-elle que sa brigade de gendarmerie fût renforcée pour faire face aux éventualités de ces temps troublés. Quoi qu'il en soit, mon grand-père se rendit au poste provisoire où il était appelé ; et comme il aimait beaucoup sa

petite Rosalie, il voulut être accompagné d'elle
dans cette courte expédition. Pourtant il ne voulut pas exposer cette enfant aux dangers qu'elle
eût pu courir dans le milieu où il allait se trouver placé, et en passant par Saint-Brieuc, il la
confia à une famille amie qui habitait cette
ville. Que de fois ma mère m'a fait part de ses
émotions pendant son séjour dans cette maison
de la rue de Goüet ! Elle n'y voyait autour d'elle
que des figures étrangères ; puis, au dehors,
c'était uu mouvement continuel de troupes
qui arrivaient ou partaient ; à tout instant,
même au milieu de la nuit, elle entendait bat-
tre la générale dans les rues, et son imagina-
tion d'enfant s'exaltant, elle voyait, d'un côté,
son père à Binic au milieu des sabres et des
bayonnettes ; d'un autre, sa mère abandonnée
seule à La Chèze avec sa sœur et son petit
frère ; et elle tremblait à la fois pour elle-
même et pour tous ceux qui lui étaient chers.

Du moins, ses alarmes ne furent pas de longue durée. Mon grand-père, rappelé de Binic,

put bientôt reprendre sa fille, qui retourna avec bonheur rejoindre la famille.

Mais il n'y a guère de stabilité dans la vie du pauvre gendarme. A peine jouissait-on d'un peu de repos à La Chèze qu'un ordre de départ arrive ; mon grand-père recevait sa nomination pour Lamballe. Il fallut donc, une fois encore, replier sa tente. Il est vrai que les embarras du déplacement étaient compensés par les agréments de la nouvelle résidence.

C'est, en effet, un aimable séjour que Lamballe, si gracieusement assise au versant d'une colline ; l'antique collégiale de Notre-Dame, qui lui forme une si belle couronne, les grands arbres plantés sur la place du château, les jolies promenades, les nombreux couvents, la société composée en grande partie de la vieille noblesse de Bretagne, tout cela rappelle bien l'ancien chef-lieu du duché de Penthièvre, et donne à cette petite cité un charme tout particulier.

Ma mère s'y plut tout de suite, et les années

qu'elle y passa comptèrent toujours parmi les
meilleurs souvenirs de sa vie.

C'est là qu'elle reçut cette instruction bien
modeste, mais qui lui suflit toujours pour la
mission à laquelle la Providence la destinait.

Elle eut pour maîtresse une dame de La Villehulin, ancienne religieuse ursuline, que la
révolution avait chassée de son couvent. Cette
vénérable femme, qui eût pu jouir du repos
dans quelque maison de sa noble famille, vi-
vait retirée à Lamballe, et consacrait ses loi-
sirs à instruire les enfants que les parents lui
confiaient.

A cette humble école, on n'enseignait ni les
arts d'agrément, ni la haute littérature, ni
toutes ces sciences que, de nos jours, on croit
nécessaires à la jeune fille ; on se contentait
d'apprendre le catéchisme et quelques notions
d'histoire sainte, la lecture, l'écriture et les
principes de l'orthographe avec les premiers
éléments de l'arithmétique. Mais on mettait
l'aiguille et le fuseau aux mains des enfants ;

on leur inspirait l'amour du travail, on les initiait de bonne heure à la vie sérieuse et pratique, et, par une éducation solidement religieuse, on les préparait elles-mêmes à la formation de la famille chrétienne.

Si je ne considère que les résultats, et si j'en juge d'après ma mère, le programme de Mme de La Villehulin pourrait avantageusement soutenir le parallèle avec ceux de nos écoles modernes.

Ma mère aimait beaucoup sa maîtresse et en était aimée ; elle nous a même dit qu'elle était la préférée entre toutes ses compagnes ; et puisqu'elle le disait, c'est que la chose était ainsi. Elle ne parlait jamais de cette sainte femme qu'avec vénération et reconnaissance, elle se rappelait plusieurs de ses pieuses sentences, et elle nous montrait avec plaisir un témoignage de satisfaction qu'elle avait reçu d'elle : c'était une gravure encadrée représentant sainte Angèle, fondatrice et patronne des Ursulines ; pendant bien longtemps j'ai vu cette modeste image suspendue au lit de ma mère.

C'est aussi à Lamballe que celle dont nous racontons la vie fit sa première communion ; et pour se préparer à cet acte important, elle ne s'était pas contentée des leçons de sa maîtresse ; elle avait régulièrement assisté, avec les enfants de son âge, aux réunions du catéchisme paroissial que présidait d'ordinaire le bon P. Padel, ancien capucin, que les spoliateurs des couvents avaient aussi jeté sur la rue. De tout temps, hélas ! il y a eu des religieux expulsés.

La cérémonie de la première communion à Lamballe se faisait alors, comme aujourd'hui, à l'église Notre-Dame, et elle avait lieu le dimanche de la Sainte-Trinité.

Ce fut un beau jour pour ma mère, qui, plus tard, aimait à revenir sur ce souvenir. La retraite préparatoire, avec ses touchantes cérémonies, ses chants pieux, ses processions sous les avenues du château, ne lui avait laissé qu'un regret, c'est de s'être écoulée trop vite.

Le jour de la communion surtout lui avait paru
une fête du ciel.

Elle avait eu l'honneur de s'asseoir à la table
sainte à côté de Mlle des Portes-Haugomar,
qui l'avait demandée elle-même pour sa *sœur
de communion*, et qui voulut l'avoir aussi près
d'elle à son dîner de famille.

C'était la coutume à Lamballe. Les frères et
sœurs de communion, qui se choisissaient à
l'avance, se suivaient pendant la retraite, mar-
chaient côte à côte aux processions, et s'avan-
çaient ensemble à la sainte table. Touchant
usage, qui, dans un jour où le même Dieu se
donne à tous, rapprochait les rangs et les dis-
tances, et proclamait la sainte fraternité des
enfants du même Père céleste ! Que de saintes
et solides amitiés n'ont peut-être pas eu d'autre
origine que celle-là !

C'est ainsi que ma mère conserva un long
et aimable souvenir de sa noble compagne ; elle
garda surtout bonne et sainte mémoire de sa
première communion ; et les termes dans les-

quels elle nous en parlait, indiquaient assez
que cet acte solennel avait été pour elle, ce
qu'il devrait être pour tous, un des plus graves
et des plus sérieux de la vie.

II

LA JEUNESSE

La jeunesse ! c'est la vie dans sa fleur. Mais que de fleurs trompeuses ! que de printemps promettent des fruits que l'automne ne cueille pas ! Il n'en fut pas de même de ma mère. Elle aussi eut son printemps, et Dieu lui accorda une belle et heureuse jeunesse ; mais les espérances qu'elle donna ne se démentirent jamais.

On était en 1816. Il y avait dix-sept ans que mon grand-père était simple gendarme ; il avait bien mérité un avancement. Il l'obtint et fut nommé brigadier de la gendarmerie à cheval de Rostrenen.

Rostrenen était à une distance assez grande de Lamballe, et dans une région bien différente pour les mœurs, les habitudes et le langage. Cette petite ville offrait cependant des avantages et des agréments ; sa population était bienveillante, et elle fit bon accueil au nouveau brigadier et à sa famille, qui, sans le prévoir peut être, se fixait dans une patrie qui pour longtemps devait être la sienne.

L'histoire de Rostrenen se résume tout entière dans son église, ancienne collégiale, conservant la statue vénérée de Notre-Dame-du-Buisson, et son château qui remplace l'antique forteresse détruite pendant les guerres de la Ligue. Cet édifice est une construction moderne ; avant la révolution, il appartenait à la duchesse d'Elbœuf, qui avait acquis d'autres domaines dans le pays ; mais en 93, il devint propriété nationale, et fut en partie vendu à des particuliers, en partie cédé à la ville.

C'est dans une aile de ce bâtiment qu'était logée la brigade de gendarmerie, et c'est là

que mon grand-père s'établit avec sa petite
famille. Il n'y fut pas longtemps sans gagner
les sympathies de tous.

La population de la ville, composée en grande
partie de commerçants, appartenait, presque
en totalité, à la classe bourgeoise; seule, la
famille Verdier, qui habitait la jolie terre de
Campostal, était comme l'aristocratie du lieu.
Pourtant, on distinguait ce que l'on appelait
la *société*, qui représentait elle même une petite
aristocratie, excluant de son sein la classe
ouvrière, et ne s'ouvrant pas indistinctement
au premier venu. Mais la barrière s'abaissa
devant le nouveau brigadier et les siens.
L'excellente tenue du père, la noble simplicité
de la mère, la bonne éducation des enfants,
valut à la famille l'honneur d'être admise dans
la société de Rostrenen.

Ma mère, qui, à cette époque, était déjà
presque une jeune fille, se sentit attirée vers
ce monde bien élevé qui l'appelait; elle y fut
vite connue et vite aimée; elle s'y créa même

de douces intimités, et grâce à sa bonne gaieté
et à l'aménité de son caractère, la maison de
mes grands-parents devint à Rostrenen comme
un centre où se réunissaient les jeunes personnes des meilleures familles de la ville. On
passait l'après-midi ensemble, l'une maniant
l'aiguille à coudre, l'autre travaillant au tricot ou menant le fer à repasser ; et dans ces
arts simples et utiles, les aînées servaient de
maîtresses aux plus jeunes ; car, à cette époque,
la dame de société elle-même voulait être tout
à la fois sa tailleuse, sa modiste et sa repas-
seuse. A la fin de ces charmantes réunions,
on recevait gracieusement de mon aimable
grand'mère une tranche beurrée de son bon
pain de ménage, que l'on trouvait toujours
meilleur que le pain de chez soi ; et, si c'était
le jeudi, on ne se séparait pas sans avoir assisté
ensemble à la bénédiction du Saint-Sacrement.

Et que de bonnes parties de plaisir on faisait en été ! On allait collationner sur l'herbe
au bois de Kerbescond, ou goûter les premières

cerises au pardon de Loc-Maria ; le pardon de Saint-Lubin revenait aussi chaque année offrir un charmant but de promenade.

Mais rien ne valait les fêtes de la mi-août. Avec quel entrain on dansait la ronde antique sous les avenues de Campostal, pendant que le célèbre ménétrier, l'aveugle Mathurin, de Quimperlé, excitait les danseurs de son *biniou* connu dans toute la Bretagne.

Divertissements innocents qui se passaient au grand jour sous le regard des parents, et trouvaient grâce même aux yeux du vénérable curé, M. Le Bonhomme ! Ma mère ne connut guère d'autres divertissements ; elle s'y livrait de bon cœur, mais n'en abusa jamais.

Pourtant, ses amies de Rostrenen ne lui faisaient pas oublier ses amies d'Uzel ; là aussi, elle était recherchée et toujours revue avec bonheur. De temps en temps donc, elle s'en allait à cheval, conduite le plus souvent par mon grand-père, et elle revoyait avec un charme tout particulier son lieu natal et ses amies d'enfance : la société d'Uzel, comme celle de Rostrenen, lui procurait toutes les joies de l'esprit et du cœur.

Mais ces promenades ne se prolongeaient jamais beaucoup ; ma grand'mère permettait d'honnêtes distractions à ses enfants, mais n'eut jamais de faiblesses pour eux ; elle voulait les avoir sous sa main, elle tenait avant tout à leur donner des habitudes d'ordre et de travail. D'ailleurs, elle voyait approcher le temps où des devoirs plus sérieux pouvaient s'imposer à sa chère Marie-Rose ; et elle désirait que cette fille, dont elle était si fière, fût un jour ce qu'elle était elle-même, une mère de famille accomplie.

Ma mère avait alors vingt ans ; elle possédait tous ces dons charmants dont Dieu embellit la jeunesse, et, ce qui vaut mieux, elle était sage, modeste et laborieuse. Aussi, plusieurs jeunes gens du pays se seraient estimés heureux d'obtenir sa main. Mais la Providence avait placé tout auprès d'elle l'époux

qu'elle lui destinait. Il y avait alors à Rostrenen un jeune homme que tout le monde citait
aussi pour la parfaite régularité de sa conduite, ses manières polies et les charmes de
sa personne.

C'était le fils unique d'une digne femme que
la mort de son mari, mystérieusement assas-
siné quelques mois après son mariage, avait
laissée veuve avec l'enfant qu'elle portait. Un
oncle dévoué avait servi de père à cet enfant
posthume, qui, de bonne heure, sentit le besoin de se faire, de lui-même, un avenir. Il
avait su intéresser, il s'était fait de bonnes
relations; et, à l'époque où nous sommes, il
venait d'obtenir un emploi dans l'administration des ponts et chaussées, emploi bien modeste, il est vrai, mais qui lui permettait de
songer à un établissement. Ce jeune homme,
qui est devenu mon père, était Urbain Chatton, alors dans toute la fleur de la vie; il avait
vingt-six ans. Il connaissait la jeune Marie-
Rose, Marie-Rose le connaissait; ils s'aimaient

l'un l'autre, ils semblaient même faits l'un pour
l'autre : aussi les pourparlers ne furent pas
longs; la demande en mariage se fit bonne-
ment, simplement, et le consentement se
donna de même.

Désormais, deux noms devraient se retrouver avec le même amour sous ma plume, et je
ne devrais plus séparer ce que l'Église va
unir. Mais cette notice étant spécialement
consacrée à la mémoire de ma mère, je de-
vrai quelquefois laisser dans l'ombre celui qui
la seconda si bien dans sa mission. Et pourtant, que de choses j'aurais à dire, si je racon-
tais tous les traits de bonté de mon père, si
je dévoilais toutes les délicatesses de son dévouement! Qu'on sache du moins que de mon
père et de ma mère le souvenir m'est également
ment précieux. Si l'une fut à mes yeux l'idéal
de la mère de famille, l'autre fut le modèle
des époux et le meilleur des pères, et tous les
deux ont le même droit à l'éternelle reconnaissance de leurs enfants.

III

LE MARIAGE

> « Parmi les choses heureuses
> « d'un monde où il y en a si peu;
> « parmi les rares spectacles de
> « bonheur auxquels la bénédiction
> « des cieux n'a pas été refusée, je
> « ne sais s'il en est un plus touchant
> « et plus beau que de voir un jeune
> « chrétien avec la femme de son
> « choix, tous deux prosternés au
> « pied d'un même autel, et recevant
> « humblement de la main de Dieu
> « la bénédiction de leur alliance. »
>
> (M⁀ʳ DUPANLOUP.)

Ce spectacle put se voir dans l'église de Notre
Dame de Rostrenem, le 3 juillet 1827, en la
fête de la Visitation de la sainte Vierge. Ce
jour-là, mon père et ma mère s'agenouillaient

aussi devant l'autel, pour recevoir cette bénédiction précieuse que la religion catholique
donne aux époux chrétiens, au moment solennel où ils vont contracter d'indissolubles liens.

La jeune mariée était vêtue de blanc et portait, selon l'usage, un bouquet de fleurs à la
ceinture ; mais sa parure était simple, et sa
bague de noce était ce jour-là, comme elle le
fut toujours, son seul bijou. Il n'empêche qu'elle
était belle, belle de sa jeunesse et de sa riche
santé (1), belle surtout de la modestie et de la
grâce répandues sur sa personne, avec cette
expression de bonté qui fut toujours le fond
de sa physionomie.

La messe de mariage fut célébrée par le bon
abbé de Quelen, alors vicaire à Rostrenen et
mort plus tard chanoine à la cathédrale de
Saint-Brieuc. Il était le confesseur de ma mère
et il avait pour sa fille spirituelle une véritable
affection de père ; aussi l'allocution qu'il lui
adressa fut-elle prononcée d'une voix émue ;

(1) Fortitudo et decor indumentum ejus. *Prov.*

on dit même qu'il ne l'acheva pas sans quelques larmes.

Le jeune Paradis, cousin et ami de mon père, l'assistait comme garçon d'honneur ; et la bonne tante Félicité remplissait de même auprès de ma mère l'office de fille d'honneur.

On remarquait aussi dans l'assistance M. le comte de Saisy, de Ker-Saint-Éloi, ami d'enfance de mon père. Les invités, par ailleurs, n'étaient pas nombreux, mais ils étaient tous sympathiques, ayant été choisis parmi les parents les plus rapprochés et les meilleurs amis des deux familles.

A l'issue de la cérémonie religieuse, on prit un simple déjeuner chez les parents de la jeune mariée; puis, sans perdre de temps, on se mit en route vers Glomel. Là, en effet, était la résidence future des époux, et là aussi devait se célébrer la fête des noces. Ce trajet de Rostrenem à Glomel se fit à cheval, et fut fort gai, dit-on; il ne manqua même pas de certains incidents tant soit peu pittoresques.

A l'arrivée de la cavalcade, la salle du banquet était préparée, et les conviés n'eurent qu'à se mettre à table. Si j'en crois ce qui m'a été rapporté, le menu du festin était simple ; peut-être même le trouverait-on maigre et vulgaire, à notre époque où l'art culinaire a fait des progrès, où la vanité surtout pousse en pareilles circonstances à tant de dépenses insensées. Mes parents furent plus sages ; ils surent se renfermer dans les limites d'une simplicité en rapport avec leur fortune. Mais si le luxe du service ne se fit pas remarquer à leur dîner de noces, au moins la gaieté n'y fit pas défaut, cette gaieté de bon aloi qui dilate les cœurs et n'est nulle part mieux à sa place que dans ces fêtes de famille.

On s'amusa donc, on rit, on chanta, il y eut de la cordialité et de l'entrain. Le jeune comte de Saisy, en aimable gentilhomme qu'il était, donnait lui-même l'exemple ; et par la grâce de son esprit aussi bien que par la verve de ses chants, il ne contribua pas peu à égayer la fête nuptiale.

Cette fête n'eût pas été complète si l'on n'eût dansé. A défaut de salon, on eut la belle pelouse de l'allée de Kérien ; et c'est sous ses grands arbres, à l'ombre desquels j'ai joué moi-même, que se donna le bal traditionnel.

Comme tout le reste, il fut honnête et modeste, et il ne se prolongea pas au delà du coucher du soleil. On se sépara de bonne heure, et avant la nuit close, chacun était rentré au logis.

Ainsi se passa cette journée qu'aucun nuage n'assombrit. Une demoiselle de Rostrenen, devenue plus tard religieuse, et déjà plus que septuagénaire, me disait un jour : « Savez-vous bien, monsieur l'abbé, que j'étais aux noces de votre mère et que je m'y amusai bien ! »

Je suis persuadé que chacun des invités en eût pu dire autant.

IV

PREMIÈRE INSTALLATION A GLOMEL

Les plaisirs, même les plus innocents, ne peuvent être pour l'homme ici-bas qu'un délassement passager ; nous sommes nés pour le travail.

Ma mère l'avait compris. Dès le lendemain de ce jour que nous venons de décrire, elle était installée devant un comptoir, en sa nouvelle demeure au petit bourg de Glomel, où devait s'écouler une si longue période de sa vie.

C'était un séjour peu attrayant pour une

jeune femme qui venait de quitter sa famille et de joyeuses amies.

Pourtant, le pays n'était pas sans quelque charme. La campagne était belle et présentait en certains quartiers des aspects assez pittoresques. Si, d'un côté, s'étendait la lande nue et sévère de Saint-Péran, il y avait, de l'autre, les beaux bois de Kérien formant comme une ceinture au vaste étang qui se déployait à ses pieds ; près du bourg, s'élevait un menhir fort remarquable, et la vieille église du XVIe siècle offrait elle-même quelque intérêt. Le peuple surtout était simple et bon ; on retrouvait encore là le paysan du vieux temps avec ses mœurs toutes bretonnes.

Mais, à ce moment, il se faisait une transformation à Glomel. Cette petite bourgade, jusque-là paisible et solitaire, devenait tout à coup un vaste chantier et un centre considérable d'activité. Des employés du génie, des ouvriers, des terrassiers, arrivaient par bandes de tous les côtés ; et les habitations du bourg avec les fermes voisines ne suffisaient pas à contenir cette population cosmopolite. Aussi, des maisons nouvelles se construisaient, des cantines s'improvisaient, des échoppes, des baraques se dressaient à tous les coins. On venait même d'établir un camp où s'installait une compagnie de condamnés militaires.

Tout ce mouvement était occasionné par le percement du canal de Nantes à Brest, dont le tracé à travers un pays si accidenté nécessitait sur certains points des travaux considérables.

Or, M. Charles Beslay, de Dinan, qui a joué plus tard un si grand rôle politique, avait pris l'entreprise des approvisionnements pour les ouvriers employés à ces travaux, et il avait offert à mon père de s'associer à cette spéculation, en se chargeant de la fourniture du pain et de quelques autres marchandises. Mon père avait accepté ; mais son service l'appelant lui-même au dehors, il avait confié cette sorte de manutention à sa jeune femme, qui fit ainsi son apprentissage dans le commerce.

Le magasin improvisé était au rez-de-chaussée d'une maison faisant suite à un long et laid bâtiment qu'on décorait du nom de *grand'maison* et qui était le principal édifice du bourg.

Quant à l'habitation de mes parents, elle était loin elle-même d'être un palais; à peine offrait-elle le logement indispensable.

Pauvre petite maison de Glomel! c'est pourtant là que je suis né. Je vois encore le lit où je couchais, le long d'une cloison en planches me séparant du cabinet de ma mère : là, était un berceau qui servait à un de mes frères et qui avait été le mien. Ce sont là les premiers souvenirs de ma vie; je ne les retrouve même que dans un lointain vague qu'éclaire à peine une demi-lueur. Hélas! c'est qu'à l'heure où je trace ces lignes, je suis déjà bien éloigné de mon berceau, et tout m'avertit que je n'ai plus qu'à étendre le bras pour toucher à mon tombeau.

Mais la gestion de son petit commerce ne

fut pas la seule occupation de ma mère, la
direction du ménage lui incomba bientôt. Pendant les premiers mois, elle se reposa de ce
soin sur sa belle-mère qui avait suivi les
jeunes mariés, et qui continuait d'être à Glomel ce qu'elle avait été à Rostrenen, inten-
dante de la maison de son fils. Mais cette
excellente femme avait plus de bonté de cœur
que d'esprit de calcul et d'économie; avec
elle, le budget du nouveau ménage n'eût pas
été longtemps en équilibre; question capitale
pourtant. Ma mère s'en aperçut de bonne
heure et conçut quelques craintes; les laissa-
t-elle percer? peut-être. En tout cas, la transmission du pouvoir se fit sans révolution; ma
bonne grand-mère reconnut elle-même la su-
périorité de sa bru, et lui abandonna sans difficulté et sans amertume les rênes du gouvernement. A dater de ce moment, ma mère
fut ce qu'elle ne cessa jamais d'être, maîtresse
de maison. Nous verrons bientôt comment
elle s'acquitta de cette importante tâche.

V

LA MÈRE

> Uxor tua sicut vitis abun-
> dans... et filii tui sicut novellæ
> olivarum in circuitu mensæ
> tuæ.

Que votre épouse soit pour vous comme une vigne féconde, et que vos enfants s'épanouissent autour de votre table comme de jeunes plants d'olivier !

C'est le vœu de l'Église pour l'époux chrétien ; c'est aussi le bonheur qui était réservé à mon père. Dès la première année de son ma-

riage, ma mère lui donna un fils, et cette bénédiction devait lui être accordée sept fois.
Ce premier enfant fut tenu sur les fonts du
baptême par mon grand-père Boureaude et
ma grand'mère paternelle ; et on l'appela Urbain, du nom de son père. Inutile de dire qu'il
fut le bienvenu ; il était le premier né ; puis,
il avait, paraît-il, des agréments et des gen-
tillesses qui ne sont pas le partage de tous ;
aussi les soins et les caresses ne lui faisaient
point défaut ; il était la joie de toute la famille.
Ma mère surtout était fière de son beau garçon, qui marchait déjà, gazouillait même, et
avait de ces petits mots charmants qui flattent
si délicieusement une oreille maternelle. Mais
Dieu fit chez nous ce qu'il fait pour bien des
familles. Afin de rappeler son droit de souverain Seigneur, il prélève de temps en temps
sa part sur la postérité qu'il accorde aux parents, et comme il aime les prémices, le premier né est souvent la victime choisie.

Un dimanche matin, ma mère venait de

quitter la maison pour assister à la première
messe, et elle avait laissé son enfant à la garde
de sa belle-mère. Celle-ci retira bientôt le petit Urbain de son berceau, lui passa sa robe et
le prit sur ses genoux devant le foyer. Par
malheur, une casserole pleine d'eau était alors
sur le feu, et dans un moment où la bonne
grand'mère n'y prenait pas garde, l'enfant
heurte du pied cette fatale casserole, la renverse sur lui, et reçoit ainsi sur le corps tout
un bain d'eau bouillante. La pauvre bonne
femme affolée n'écoute que sa tendresse ; son
premier mouvement est de serrer entre ses
bras cet enfant qu'elle aimait passionnément,
et elle ne remarque pas que, par cette impru-
dente étreinte, elle ne fait qu'aggraver le
mal.

Ma mère rentrait alors de l'église ; elle en-
tend des cris déchirants, elle monte, et elle
voit le cher petit dont tout le corps, hélas !
n'était qu'une plaie vive. Dire sa douleur à ce
spectacle serait impossible.

Vite, elle déshabille l'enfant, fait un premier pansement et appelle en toute hâte un médecin. Hélas ! remèdes et soins furent impuissants : le petit martyr, après avoir langui dix-sept jours, finit par succomber à ses horribles brûlures.

Pauvre frère que je n'ai pas connu, quoique nous ayons vécu ensemble, Dieu l'appelait sans doute au ciel, pour qu'il fût là-haut l'ange tutélaire de ceux qui devaient venir après lui ! Et que de chagrins et de dangers lui ont été épargnés !

J'étais déjà né quand l'accident arriva ; mais je n'avais que quelques mois. On me l'a dit, et je le crois, j'avais beaucoup moins de charmes que celui qu'on venait de perdre : je pleurais sans cesse, j'avais mille petites misères ; il n'importe, soit que je bénéficiasse de la disparition de mon aîné, soit que la bonté de ceux qui m'entouraient couvrît mes défauts, une chose est bien certaine, c'est que je fus choyé, comblé d'attentions, traité en véritable enfant gâté ;

et toute la tendresse dont mon frère était l'objet fut bientôt reportée sur mon chétif individu.

Cette page, qui marque ma naissance (1) devrait donc être marquée aussi d'un acte de reconnaissance envers Dieu pour le bienfait de la vie, pour la grâce du saint baptême et aussi pour le bonheur d'avoir eu d'aussi bons parents ! Ah ! quand je pense à tous ces soins dont je fus entouré en ces premiers jours de ma vie, aux sollicitudes de mon père, aux veilles, aux fatigues de ma mère, comment ne bénirais-je pas Dieu d'avoir mis au cœur de mes parents tant de dévouement pour moi !

La mort si tragique de mon frère fut un vrai deuil dans la maison paternelle, et ce douloureux souvenir resta longtemps comme un sujet de chagrin autour de nous. Je me rappelle encore les récits que l'on me faisait de ce sinistre événement, et les regrets que l'on donnait au charmant enfant qui en avait été la victime. On me redisait ses amabilités, on me

(1) 30 août 1825.

montrait les jouets qui lui avaient servi, on me faisait voir sa tombe au cimetière.

Ma mère surtout fut longtemps inconsolable de cette mort ; aussi le premier enfant qu'elle eut après moi, elle le fit nommer Urbain, en souvenir de celui qu'elle avait perdu.

Le bon Dieu la dédommageait ainsi du cruel sacrifice qu'il lui avait imposé, et il le faisait généreusement, car une troisième naissance vint bientôt réjouir le foyer. Je dis réjouir, et je dis bien. Chez nous, en effet, on accueillit toujours les nouveaux venus comme des arrivants du ciel, et l'on savait que celui qui donne la vie aux petits oiseaux des champs leur donne en même temps le grain de blé dont ils ont besoin. Ainsi, chez mes parents, la table était loin d'être opulente ; mais le nombre des convives eut beau s'accroître, il y eut toujours pour chacun une part suffisante du pain quotidien.

Le troisième frère qui venait de naître eut un baptême d'une certaine solennité dont je

crois avoir un vague souvenir. La marraine
était la comtesse de Saisy, née d'Andigné de
Mayneuf. Cette noble dame, aussi remarquable
par l'élévation de son esprit que par sa piété
profonde et ses rares qualités du cœur, aimait
beaucoup ma mère, qui avait à peu près son
âge; elle l'honorait même de sa confiance et
de son estime ; aussi lui avait-elle demandé
comme une faveur d'être la marraine de l'un
de ses enfants, et elle saisit avec empressement la première occasion qui se présenta.
Elle voulut que le nouveau-né reçut un nom
qui était alors rempli d'espérances : elle
l'appela Henri. Hélas ! cette illustre marraine
ne vécut pas assez pour le bonheur de son
filleul.

Après mon frère Henri, vint François, puis
Frédéric, dont je fus le parrain, puis enfin
Prosper, qui devait rester le Benjamin de la
famille.

Telle fut la couronne qui, en peu d'années,
se forma autour de ma mère. Ces nombreux

enfants ne venaient pas sans donner bien des
soucis, sans imposer des sacrifices, sans occa-
sionner surtout beaucoup de peines et de fatigues : car ma mère comprenait sa mission,
elle l'acceptait tout entière, et jamais elle ne
se déchargea sur une autre de ce qu'elle re-
gardait comme un devoir pour elle et un honneur tout à la fois. Ainsi, elle eut garde de
confier aucun de nous à une nourrice étrangère ; elle estimait avec raison que la mère
qui ne nourrit pas elle-même son enfant, n'est
mère qu'à moitié. C'est donc d'elle seule que
nous avons tout reçu, et nous n'avons pas à
partager notre reconnaissance.

Dieu du reste, sembla bénir ses soins ; nous
grandîmes entre ses bras, exempts d'accidents.
de maladies et d'infirmités : elle était fière de
notre santé et de la fraîcheur de nos joues : et
volontiers elle eût fait comme cette noble Ro-
maine à qui l'on demandait à voir ses plus précieux bijoux : à son exemple, elle eût montré
ses enfants.

VI

LA MAITRESSE DE MAISON

Je l'ai dit, mes parents, au lendemain de
leur mariage, avaient pour principales ri -
chesses, leur santé, leur confiance dans la
Providence et l'entente parfaite de leur volonté. Bientôt, il est vrai, la position maté-
rielle s'améliora un peu ; ma mère étendit son
commerce, et mon père, en échange de son
premier emploi dans les ponts et chaussées,
obtint la perception de Glomel, qui lui offrait
plus d'avantages. Mais si les ressources augmentaient, les besoins augmentaient de même ;

nous étions déjà nombreux, et il fallait une certaine habileté pour tenir la balance en équilibre. Heureusement, il y avait là mieux que de gros appointements ; c'étaient l'œil et le bras de la maîtresse de maison, qui savait porter l'économie dans les moindres détails. De la mansarde au magasin, de la cuisine à la basse-cour, elle voyait à tout et mettait la main à tout, époussetant, brossant, rangeant toute chose ; et beaucoup de ménages où régnait l'abondance auraient pu envier l'ordre et la bonne tenue du sien.

Toujours levée la première, notre mère présidait à notre toilette, mettait du linge frais dans nos lits et préparait notre petit déjeuner. Il est vrai que ce repas, comme tous ceux de la journée, ne demandait pas de grands apprêts. Mais de quel bon cœur nous mangions notre potage à l'oignon ou notre tartine de pain de seigle, qui nous laissait encore de l'appétit pour la soupe et le bouilli traditionnels du dîner ! La rôtissoire figurait à peine pour le pardon de Glomel. De pâtisseries et autres friandises, jamais: si l'on conservait quelques douceurs, c'était pour les seuls cas de maladie. Pourtant la fête des Rois nous amenait un gâteau qui était d'autant plus apprécié qu'on y était peu habitué.

Ai-je besoin de dire que cette chose à laquelle les enfants d'aujourd'hui semblent avoir un droit indéniable, et qui s'appelle le *prêt*, était chez nous parfaitement inconnue? Nous étions déjà grands quand nous avons fait la connaissance de ce mot.

La toilette était en rapport avec la table; rien de plus élémentaire. Une simple blouse de coton bleu, serrée par une ceinture de cuir verni, un col bien blanc au cou, un béret de velours pour coiffure, composaient l'uniforme. Tout cela était fait par ma mère, et tout cela était frais, propre et bien ajusté; et, dans notre simplicité, nous faisions encore envie à bien des mères qui nous montraient à leurs enfants.

Nous avions pourtant aussi un costume de fête, confectionné également par notre mère ; mais quel soin elle en prenait ! et quel art elle avait pour le conserver et en opérer la transmission ! A titre d'aîné, j'avais les prémices de l'habit neuf ; mais à plusieurs années d'intervalle, j'aurais pu le reconnaître encore sur mon frère Prosper, qui l'avait reçu en sixième main.

Et au milieu de tant de soins, cette bonne mère était calme, toujours maîtresse d'elle-même ; elle régnait, mais par cette force que donne la bonté, la vraie souveraine des cœurs ; et c'est bien d'elle que l'on peut dire qu'*une loi de clémence était sur ses lèvres;* aussi fut-elle toujours obéie, parce qu'elle fut toujours aimée.

Mon père lui-même, qui appréciait si bien la compagne que Dieu lui avait donnée, et qui l'aimait autant qu'elle méritait de l'être, mon père, je ne crains pas de l'avouer, subissait comme les autres l'ascendant de cette autorité douce et forte. Ce n'est pas à dire pourtant qu'il abdiqua ses droits ; s'il y eut une souveraineté dans la maison, ce ne fut jamais la monarchie absolue. Mon père resta le roi du foyer, ma mère en était la reine, ou, si l'on veut, le pouvoir exécutif, et sous ce gouvernement constitutionnel tout le monde était heureux.

Grâce à cette entente et à cette harmonie des cœurs, la maison paternelle fut pour nous l'école de toutes les vertus ; l'école du respect surtout. Ma mère nous l'enseignait la première, par ses pieuses prévenances pour mes grands-parents, par ses déférences de tous les instants pour mon père, par ses égards même pour les domestiques, qu'elle s'attachait si bien qu'aucun ne la quitta que pour contracter un mariage ou pour mourir.

Ce n'est pas elle non plus qui permît à ses enfants cet irrespectueux tutoiement passé aujourd'hui dans nos habitudes bourgeoises.

Mais avant tout autre respect, elle tenait à nous inspirer le respect de Dieu. C'est d'elle que j'ai reçu les premières notions sur ce grand Dieu créateur, qui est partout, qui voyait nos premières désobéissances et les punirait un jour; c'est elle qui nous apprit à le prier soir et matin, présidant elle-même à l'accomplissement de ce saint devoir; elle aussi, qui nous présentait au prêtre de la paroisse pour lui faire l'aveu de nos péchés d'enfant, et qui, chaque dimanche, nous menait à la grand'messe et aux vêpres. Je me vois encore agenouillé à ses côtés, dans notre banc à l'église, et recevant d'elle les indications nécessaires pour suivre l'office dans mon paroissien.

Et avec quelle pieuse sollicitude elle surveillait nos premiers pas dans la vie ! Il nous était formellement défendu de franchir le seuil de la maison pour nous récréer sur la rue; on ne nous laissait même pas jouer seuls avec les enfants des meilleurs amis de la famille. Précaution maternelle, qui accusait une prudente perspicacité et qui pourrait servir de leçon à bien des mères !

Nous nous amusions donc en famille, et nous le faisions de bon cœur. Pourtant, nos jouets ne provenaient pas des premiers bazars de l'époque ; le plus souvent, ils avaient été confectionnés par mon père lui-même. D'ailleurs, le théâtre de nos ébats, pour être restreint, n'était pas sans charme ; nous avions à notre choix la cour du jardin ou la pelouse du verger avec l'ombre des pommiers. Puis, de temps en temps, on nous menait en promenade à la campagne. Le dimanche, après vêpres, par exemple, nous allions chercher des nids en explorant les fossés de Pen-an-roz, ou cueillir des noisettes dans les taillis voisins ; et nous sautions et gambadions comme les chevreuils des bois, pendant que nos parents nous regardaient assis sur l'herbe.

Plaisirs innocents, saintes joies de la famille, dont le souvenir, après cinquante ans, me revient comme une brise parfumée du printemps de ma vie ! J'ai pu reconnaître depuis qu'aucune autre jouissance ne vaut celles-là.

Oserai-je maintenant parler des correc-
tions? je le devrais, car chez nous, comme
dans toute société bien organisée, il y avait
un code pénal, et ma mère ne craignait pas
d'en faire l'application. Elle n'était pas de
celles qui épargnent la verge, pour le malheur
de leurs fils et le leur en même temps.

Pour nous donc, aucune faute ne passait
impunie. Un coup de balai, sommairement
administré, réprimait les délits ordinaires;
quelquefois, on devait manger son pain sec à
la collation ; la grande punition était de se
coucher sans souper ou d'être privé de porter
l'habit du dimanche. Ces châtiments étaient
rares, car l'active surveillance de ma mère
prévenait les infractions; sa sagesse, d'ailleurs, la gardait de la passion qui punit par
caprice, et sa bonté tempérait toujours la sé-
vérité de sa correction.

VII

MA MÈRE SURVEILLANT NOTRE PREMIÈRE ÉDUCATION

> De ventre matris mee vocavit me Dominus.
>
> Dieu m'a appelé dès le sein de ma mère.

Le temps approchait pourtant où ma mère n'aurait pu se charger seule du soin de mon instruction. Déjà ma tante Félicité m'avait enseigné à lire, et mon grand-père, qui s'était fait mon premier professeur de mathématiques, m'avait initié à la science du calcul ; mon père se chargea des lettres : il me mit entre les mains le *Télémaque* de Fénelon et les *Fables* de La

Fontaine ; puis, voulant me faire apprendre aussi le rudiment de Lhomond, il me confia au vicaire de la paroisse, l'excellent abbé Guérin, prêtre d'une bonté parfaite, mais qui m'aurait difficilement poussé jusqu'au baccalauréat. Je lui dois pourtant d'avoir appris à décliner *rosa* et peut-être à conjuguer le verbe *amo*.

A cette époque, un instituteur laïque fut placé à Glomel. C'était un Frère que mes parents et beaucoup d'autres auraient voulu ; et ma mère hésita longtemps à me conduire à une école qui ne lui offrait pas de garantie suffisante. Bientôt cependant l'instituteur se montra digne de la confiance des familles, et je devins l'élève du *père* Hillion, comme on l'appelait, brave et honnête homme, à qui je ne dois que de la reconnaissance.

Mais dès ce moment, je sentais le germe de ma vocation ecclésiastique. J'aimais la société des prêtres ; les chants, les cérémonies de l'Église me ravissaient, et c'était un bonheur pour moi d'assister à une messe solennelle et de suivre des yeux l'officiant à l'autel. Ma grande ambition eût été de devenir enfant de chœur ; j'enviais le sort de mes camarades que je voyais vêtus de l'aube et balançant l'encensoir dans le sanctuaire. Mais mes parents trouvaient avec raison que la société de ces enfants, légers pour la plupart et trop familiarisés avec les choses saintes, pouvait m'être funeste, et ils me refusèrent toujours aux prêtres de la paroisse qui auraient bien désiré m'admettre dans leurs rangs.

Je me dédommageais en répétant à la maison toutes les cérémonies que j'avais vu faire à l'église. J'avais un petit autel avec les décors nécessaires et tous les vases sacrés ; je m'étais confectionné aussi tous les ornements liturgiques, moyennant quelques bandes de papier colorié, et je disais la messe avec une ponctualité et une dévotion que je n'ai peut-être pas aujourd'hui. Dieu sait surtout combien je fus heureux un jour où ma mère m'apporta une

pièce nouvelle qui manquait à mon vestiaire :
c'était une chape qu'elle m'avait confec-
tionnée des débris d'un châle à fleurs que lui
avait donné pour moi ma bonne grand'mère.
J'en fis mon ornement de 1re classe; et quand
je la portais, j'aurais défié un évêque, officiant pontificalement, d'être plus solennel que
moi.

Ces exercices n'étaient qu'enfantins. Mais
à d'autres marques, sans doute, on crut reconnaître que je pouvais réellement être appelé
à devenir prêtre. Il fut donc décidé que j'en-
trerais au petit-séminaire de Plouguernével,
qui venait d'être relevé de ses ruines et où les
familles chrétiennes du pays plaçaient alors
leurs enfants,

VIII

MA MÈRE PENDANT NOS ÉTUDES

C'est toujours une scène touchante que l'entrée d'un jeune élève dans un collège : on ne peut voir sans attendrissement ce petit enfant de dix ans, qui a quitté pour la première fois le foyer de la famille, et qui arrive, conduit par un père et une mère dont il va se séparer, pour passer entre les mains de maîtres qu'il ne connaît pas.

A la rentrée d'octobre 1835, je donnai, à mon tour, cette représentation au petit-séminaire de Plouguernével. J'avais fait la route à cheval derrière mon père, et ma mère, sur une autre monture qui portait mon petit bagage, nous accompagnait. Nous fûmes reçus par le supérieur de l'établissement, M. l'abbé Ropers, qui me fit un bon et paternel accueil ; nous passâmes ensuite dans le bureau de l'économe pour régler certaines questions qui étaient de son ressort , et pendant que mon père s'entretenait avec ceux qui allaient être mes maîtres, ma mère installa ma couchette au dortoir, et donna un dernier coup d'œil à mon trousseau : l'un et l'autre m'embrassèrent, ils partirent, et je restai seul dans cette cour dont je me rappelle la froide nudité.

On l'a déjà pressenti, toutes mes affections s'étaient concentrées jusque-là sur ma famille : la maison paternelle était pour moi ce qu'est le nid au petit oiseau. Or, rien n'était plus propre à me la faire regretter que le collège où j'entrais. Ce pauvre séminaire de Plouguernével, reconstitué d'hier, renaissait péniblement : les ressources manquant, tout manquait, et la première génération d'écoliers y était soumise à un régime dont s'accommoderait fort peu la jeunesse de nos jours.

Je me hâte de dire que cette maison s'est complètement transformée, et son installation actuelle est aussi satisfaisante que l'ancienne l'était peu.

Mes premiers jours à Plouguernével furent donc pénibles ; et bien souvent je pleurai en cachette, en pensant à Glomel, à ceux que j'y avais laissés, à ma mère surtout. Bientôt pourtant je m'habituai à cette vie nouvelle, je trouvai quelques maîtres qui se montrèrent pour moi de véritables pères, je commençai là des amitiés qui m'ont été précieuses dans la vie, et malgré les souffrances que j'y ai eues je suis resté attaché à ce berceau de mes études.

La première année, j'y fus seul ; mais dès la rentrée suivante, deux de mes frères m'y suivirent, et tous les autres s'y succédèrent pendant une période de vingt années. C'est dire

que, pendant vingt ans aussi, les sollicitudes
de ma mère furent concentrées sur ce point;
son regard et son cœur nous y accompagnèrent sans nous quitter un seul instant.

Nous avions l'ordre de lui écrire toutes les
semaines, pour la tenir au courant de nos
places dans les compositions, de l'état de
notre santé et de tout ce que nous savions de_
voir l'intéresser. Chaque semaine aussi, nous
lui envoyions nos effets à blanchir et à réparer,
et huit jours après, tout cela nous revenait
dans cet état de fraîcheur et de propreté qu'elle
savait donner à toute chose.

Elle voulait que mon père nous visitât à des
intervalles rapprochés, pour s'assurer que rien
ne nous manquait, et pour s'informer auprès
de nos maîtres de notre conduite et de notre
application. Elle venait elle-même aussi souvent que les soins du ménage le lui permettaient; et, ce jour-là, nous passions la revue
complète, comme un régiment inspecté par son
général en chef; toutes les pièces de notre

trousseau étaient examinées une à une, et la plus petite négligence de notre part attirait une réprimande. Ma mère ne venait jamais non plus sans nous apporter, non pas des friandises, elle ne nous en donna jamais, mais quelque pantalon remis à neuf, des bas qu'elle avait tricotés pour nous, ou une paire de bons chaussons de laine pour l'hiver. Et avant de nous quitter, elle multipliait ses recommandations : Prenez garde de salir vos habits, et soyez sages, travaillez bien, entendez-vous ! Au revoir, mes enfants ! Telles étaient toujours ses dernières paroles.

Mais c'était surtout en cas de maladie qu'elle nous témoignait sa sollicitude. A peine apprenait-elle que l'un de nous avait la plus petite incommodité, qu'elle accourait aussitôt. Que de voyages de Glomel à Plouguernével elle a faits, et sous la pluie, la neige ou la chaleur ! Ceci me rappelle, entre mille, un trait de son dévouement.

Une épidémie de rougeole sévissait dans

l'établissement. Un de mes frères (nous étions
trois alors) fut d'abord atteint, et bien vite on
le fit rentrer à la maison. Mais voilà que peu
de jours après, je tombe malade moi-même,
ainsi que mon autre frère. Ma mère l'apprend
et immédiatement elle part. Elle arrive à
Plouguernével vers midi, nous trouve très
souffrants, très mal soignés surtout, et se dé-
cide à nous emmener. Or, elle avait pour
unique moyen de transport le cheval qui l'avait
portée pour venir, et il faisait une chaleur
étouffante, et il y avait trois grandes lieues
à parcourir. N'importe ; elle nous fait lever,
nous enveloppe dans nos tapis de laine pour
nous préserver du contact de l'air qu'on disait
dangereux, et nous installe comme elle peut
sur le maigre cheval. Pour elle, elle suit à
pied, tenant l'animal par la bride, et bientôt,
sous ce soleil tropical, elle nous apparaît le
front ruisselant de sueur. Mais elle n'était
occupée que de nous. De fait, nous n'étions
guère à l'aise, étouffant sous nos couvertures,

brûlés par la fièvre ; puis c'était un saignement de nez chez mon frère, un vomissement chez moi, qui nous obligeaient à descendre pour remonter ensuite, au prix de nouvelles fatigues pour notre pauvre mère.

En passant à Rostrenen, elle voulut nous présenter au médecin. Celui-ci nous trouva bien malades, et lui dit qu'elle nous exposait en nous faisant voyager dans des conditions pareilles. Hélas ! il eût pu ajouter qu'elle s'exposait elle-même en faisant cette pénible marche sous une température caniculaire.

On le sait déjà, nos parents n'étaient pas riches ; et les frais de notre éducation venant s'ajouter aux charges déjà lourdes d'une famille nombreuse, on comprend tout ce qu'il fallait de travail, d'ordre et d'économie pour faire face à tous les besoins. Mais ma mère était là qui se multipliait et suppléait aux ressources pécuniaires par celles de son dévouement. Elle se levait plus matin, prolongeait sa veille le soir, et savait, sans faire souffrir

personne, retrancher toute superfluité dans le
ménage. Pour elle-même, non seulement elle
se privait du superflu, elle s'accordait à peine
le nécessaire; mais elle avait mille industries
pour couvrir ses privations. Ainsi, ses vête-
ments paraissaient inusables; pendant des
années, nous lui retrouvions toujours les
mêmes robes, mais toujours également propres
et portées avec cette grâce, cette élégance naturelle qui frappait en elle. Mise simplement, elle était cependant bien mise ; et une
personne qui l'eût vue à l'une de nos distribu-
tions de prix avec la toilette qui lui servait
pour ces fêtes, ne se fût jamais doutée que
cette toilette reparaissait pour la dixième
fois.

Elle ne manquait jamais d'assister à ces solennités scolaires, et ces jours étaient pour
elle une douce compensation d'une année de
sollicitude et de sacrifices. Certes, nous étions
heureux, en descendant les degrés du théâtre,
aux applaudissements de l'assemblée; mais

notre mère qui nous mettait la couronnne sur le front avec un baiser, était encore plus heureuse que nous. Elle l'était surtout quand, le soir, elle nous voyait tous réunis autour d'elle à la table de famille.

IX

MA MÈRE PENDANT NOS VACANCES

> *Lætare, juvenis, in adoles-*
> *centid tuâ.* (Eccles.)

Les vacances! Il est peu de mots qui résonnent plus doucement à l'oreille; même quand on n'en jouit plus, les vacances ont encore le charme du souvenir.

Pour moi, je doute qu'on puisse être plus heureux que je ne l'étais quand, après dix longs mois d'études fatigantes et d'éloignement de tous ceux qui m'étaient chers, je prenais la route de Glomel, libre comme l'oiseau des airs, ayant devant moi la perspective de huit

bonnes semaines de repos sous le toit paternel. Avec quelle agilité je descendais ce sen-
tier rapide qui domine les eaux du canal, et
d'où j'apercevais le clocher de l'église et les
premières maisons du bourg! J'étais bien alors
de l'avis du poète, quand il a dit:

Où peut-on être mieux qu'au sein de sa famille?

Et pourtant, nos vacances, à nous, n'étaient
guère mouvementées ; nous n'allions point aux
bains de mer, et nous ne visitions pas en tou-
ristes les côtes de Bretagne et de Normandie ;
notre horizon était beaucoup plus restreint,
et tout se passait dans le cercle ordinaire de
cette vie simple et reposée à laquelle nos parents nous avaient habitués.

La moisson de Pen-an-roz nous offrait d'a-
bord certains divertissements champêtres, et
si les foins n'étaient pas encore rentrés, c'était
une bonne fortune pour nous. Quel plaisir de
manier la fourche et le râteau du faneur, et de

rouler sur ces prairies fraîchement tondues!

Nous avions aussi des promenades à la campagne, toujours faites en famille ; puis de temps à autre une partie de pêche, sous la direction de notre grand-père, qui savait son barrage par cœur, et connaissait les mœurs de tous les poissons qui l'habitaient. Parfois même certains de mes frères, aux grandes terreurs de ma mère, se lançaient sur un bateau tentateur, amarré aux bords de l'étang de Kérien ; ou bien ils prenaient à la dérobée le fusil de mon père et allaient troubler le repos des canards sauvages qui avaient élu domicile sur ces eaux.

Pour moi, je l'avoue, j'eus toujours des goûts plus pacifiques et moins aventureux ; j'allais le plus souvent dans un champ voisin, et dès que j'avais de l'ombre, de la solitude et un livre qui m'intéressait, j'étais servi à souhait.

Certaines fêtes cependant venaient briser la monotonie de nos vacances. C'était d'abord le grand pardon de la mi-août, à Rostrenen, auquel nous ne manquions jamais.

Ce jour-là, on se levait de grand matin; ma
mère retirait tous les beaux habits de l'ar-
moire, et quand elle avait mis la dernière main
à la toilette de chacun de nous, nous partions,
les uns à cheval, le plus grand nombre à pied.
Par exception, on prenait quelquefois une voiture, au risque de verser en route, comme cela
arriva une fois où l'attelage, peu perfectionné,
se brisa au bas de la côte du Guernic, et nous
laissa rouler pêle-mêle dans le fossé. Mais
Notre-Dame de Rostrenen nous protégea.

Nous avions à la ville des parents, des amis,
qui nous invitaient; mais nous étions nombreux, et ma mère craignait toujours d'occasion-
ner de l'embarras. Elle préférait donc nous
garder avec elle et elle se munissait d'ordinaire de toutes les provisions de bouche pré-
parées d'avance. C'était bien simple : quelques
viandes froides, des crêpes de froment et des
prunes pour dessert. Nous prenions ce petit
repas sous les bois de Sainte-Hélène, que mon
père aimait beaucoup; il y avait là un beau

tapis de verdure, nous y étions seuls, et tout près coulait une fontaine, dont l'eau valait le meilleur vin. Ah ! que l'on pourrait quelquefois être heureux à peu de frais !

Une année pourtant, nous fûmes privés des joies de cette fête ; tous mes frères étaient atteints de la fièvre scarlatine, et ma mère était dans la plus vive inquiétude. Seul, j'avais échappé à l'épidémie ; seul aussi, je fus envoyé, au nom de tous, en pèlerinage à Notre-Dame de Rostrenen. Je priai bien, paraît-il, car tous les malades guérirent. Ils étaient pourtant gravement atteints ; mon frère François, chez lequel la scarlatine avait dégénéré en typhus, était même condamné par le médecin. Il fut plusieurs jours sans connaissance ; mais quoique la fièvre ne lui ait pas permis de voir ce qui se passa alors près de son lit, il n'oubliera jamais que sa mère y veilla bien des nuits, en proie à ces angoises que connaît seule une mère menacée de perdre son fils.

Parmi nos plaisirs de vacances, il n'en

était cependant aucun qui valût le pardon de Goarec.

Nous avions là des parents qui avaient avec les nôtres les relations les plus intimes. Mon père et ma tante Le Duigou, élevés ensemble, s'aimaient comme frère et sœur; ma mère aussi, était tout particulièrement chère à la famille. On se voyait donc fréquemment, et je me rappelle que mon premier voyage de long cours fut vers ce cher moulin de Goarec, où je trouvai un accueil qui est marqué d'un bon point dans mes souvenirs. Nos cousins et cousines ne manquaient jamais le pardon de Glomel, et les cousins de Glomel étaient exacts à payer leur dette au pardon de Goarec.

Mais, pour avoir droit à la faveur tant désirée, il fallait accomplir une condition de rigueur. On était alors au milieu des vacances, et notre mère, qui ne perdait pas de vue nos devoirs religieux, exigeait impérieusement que chacun de nous allât à confesse avant le départ. Il fallait donc obéir. Notre confesseur

jugeait peut-être que le motif qui nous amenait
n'était pas un signe extraordinaire de contri-
tion ; mais il reconnaissait du moins que nous
avions une mère chrétienne, et il louait sa fermeté.

Ce devoir accompli, on nous délivrait sans
difficulté notre feuille de route. Dès le samedi, on se mettait en chemin. C'était le chemin de Plouguernével ; mais, cette fois, il
avait des charmes qu'on ne lui trouvait pas en
toute circonstance. On arrivait de bonne heure
à Goarec, où l'on recevait le plus cordial accueil ; on y était comme chez soi ; on retrouvait, en effet, même train de maison, mêmes
habitudes, mêmes goûts simples. Là, aussi,
comme chez nous, la table était frugale : pourtant nos bonnes cousines n'omettaient pas de
préparer pour nous quelque plat tant soit peu
festival : puis elles connaissaient la recette
d'une certaine boisson mousseuse qui arrosait
le festin et égayait les convives ; nous aurions

laissé, pour cette bonne piquette, le champagne du meilleur crû.

Nous avions d'ailleurs d'autres plaisirs. On assistait à la procession du feu de joie et aux beaux offices du lendemain ; le lundi, on faisait une charmante promenade aux Forges-des-Salles ou aux ruines de Bon-Repos, et le pardon ne durait jamais assez longtemps.

Ma mère était toujours de cette fête, dont elle était pour ainsi dire la reine ; et là, comme partout, elle était bonne et aimable, et si je m'arrête ainsi sur nos joies d'enfant, c'est que ces joies elles-mêmes me rappellent ses bontés. Attentive à nos besoins, elle l'était aussi à nos plaisirs ; c'est elle qui nous les ménageait, les partageait aussi souvent qu'elle le pouvait, et leur donnait par sa présence un charme nouveau ; toujours assez heureuse quand nous l'étions nous-mêmes.

X

LA MORT DE NOS GRANDS-PARENTS

Ce charmant pardon de Goarec qui se passait toujours si gaiement, se rattache pourtant à un événement douloureux pour ma mère. Le second mardi de septembre 1843, nous revenions de cette fête, et nous étions tous en voiture; mais quand nous nous trouvâmes à ce point de la grande route de Glomel, dit Prajou-Kaer, je quittai un instant la caravane pour prendre seul le chemin des piétons. Il était environ huit heures du soir, et depuis longtemps la nuit était venue; mais cette nuit était belle et tout était calme autour de moi. Or, voici qu'au moment où je descendais tranquillement la côte qui aboutit au chemin de halage, j'entends tout à coup un son de cloche paraissant venir d'une distance de trois à quatre cents mètres. Ce son me rappelait celui de ces cloches de très petit volume que l'on trouve dans la plupart de nos chapelles rurales. A l'église de la paroisse, je n'en connaissais aucune de ce timbre ; du reste, il ne se faisait jamais de sonnerie à cette heure tardive. D'un autre côté, de l'endroit où je me trouvais, je ne pouvais entendre aucun son semblable venant d'une autre église ou de quelque chapelle voisine. Et cependant le son avait été bien accentué, je l'avais parfaitement entendu, je n'étais point le jouet d'une hallucination. Ce phénomène me frappa, pourtant je ne m'en émus pas trop pour le moment ; je continuai ma route et je ne parlai à personne de cet incident.

Mais voilà que, dès le lendemain, ma grand'-mère maternelle, qui, depuis quelques années, habitait sous le même toit que mes parents, tomba malade. Cela ne semblait d'abord qu'une indisposition, et personne ne paraissait avoir d'inquiétude ; mais moi, je me rappelai mon son de cloche, et je me dis tout de suite : Ma grand'mère va mourir.

En effet, son état s'aggrava rapidement, une fièvre pernicieuse la prit, et elle nous fut enlevée au bout d'une dizaine de jours.

C'était la première fois que je voyais la mort dans notre maison, et j'en fus vivement et douloureusement impressionné. L'appareil funèbre qui se déploya dans la chambre mortuaire, les larmes de ma tante, de mon vénérable grand-père, de ma mère surtout, qui souffrait de sa douleur et de celle des autres, les apprêts des funérailles, tous ces souvenirs ont laissé une trace lugubre dans mon esprit.

D'ailleurs, j'aimais tendrement ma grand'-mère, dont j'avais apprécié le dévouement et éprouvé la bonté. Cette excellente femme n'avait d'autre préoccupation que le bonheur de ses enfants; la jeune famille de ma mère avait surtout une part spéciale dans son affectueuse sollicitude, et, pour mon compte, je ne puis songer sans émotion à toutes les tendresses dont elle me comblait.

Au souvenir de sa bonté s'ajoute chez moi celui de sa rare sagesse et de la dignité de son caractère; elle aussi avait dans sa physionomie plus d'un trait de la femme forte. Active et laborieuse aux premiers jours de sa vie, elle travailla jusqu'à la fin; et à l'heure même où sa maladie de mort la saisit, elle avait encore la laine et l'aiguille à la main. Elle avait bien mérité le repos de l'éternité.

Mon grand-père lui survécut encore quelques années, jouissant paisiblement de la douce retraite que lui avait ménagée l'administration des ponts et chaussées. Il ne gagnait pas ses appointements, disait-il quelquefois. Long-temps il habita seul sa blanche maisonnette du barrage, devenue pour lui une sorte de pieux ermitage, et là ses journées se passaient dans

une invariable régularité, partagées entre
son petit service, la pêche et ses pratiques de
dévotion. Celles-ci prenaient peut-être la plus
grande part, car, il m'en souvient, ses prières
avaient presque la mesure d'un office canonial;
et malheur à nous si nous arrivions le troubler
pendant qu'il les récitait; nous n'eussions jamais obtenu une parole de lui qu'il n'eût
achevé de *parler au bon Dieu*, comme il disait. Le
soir, il était encore seul, mais ses veillées ne lui
paraissaient ni longues ni tristes : il savait par
cœur presque tout le recueil des vieux canti-
ques de Provence, et assis à son foyer, en présence d'un bon feu qu'il préparait avec un art
tout particulier, il répétait une bonne partie
de son répertoire; c'était tantôt la complainte
de Geneviève de Brabant, tantôt l'histoire de
Joseph vendu par ses frères; et quand il avait
entamé une de ces longues légendes, il épui-
sait la pièce sans en omettre une seule strophe.

Il venait seulement à la maison le jour, pour
prendre ses repas, et alors il était tout à nous,

vrai grand-père par cette bonté charmante
dont les vieillards seuls ont le secret.

Quelle belle et vénérable figure ! quelle simplicité de foi surtout ! Je le vois encore arrivant le matin et découvrant son front chauve
devant le calvaire du bourg qu'il saluait par
un de ces beaux et grands signes de croix, qui
sont vraiment le signe du chrétien et un acte
de foi. Il était singulièrement beau quand il
approchait de la sainte table ; et nos prêtres
disaient eux-mêmes qu'ils ne lui donnaient
jamais la sainte communion sans être édifiés
de sa piété.

Son départ précoce de la maison paternelle
et les circonstances malheureuses de ces temps
troublés ne lui avaient pas permis de recevoir
la confirmation dans sa jeunesse. Mais plus
tard il voulut réparer cette omission, et la première fois que Mgr Lemée fit sa visite pastorale dans la paroisse de Glomel, il se présenta pour recevoir ce sacrement sans lequel
nous ne sommes pas parfaits chrétiens. Ce

jour-là, j'avais l'honneur de remplir près de l'évêque la fonction de porte-mître, et je vois encore mon aïeul, plus que septuagénaire, debout dans les rangs des jeunes confirmants, et présentant son front au saint chrème avec un respect dont tout le monde fut frappé.

Agé déjà de soixante-quinze ans, mon grand-père jouissait d'une belle et verte vieillesse, et nous espérions le conserver plusieurs années encore; mais une maladie grave se déclara subitement. Un jeudi, une lettre de mon père m'appelait en toute hâte de Plouguernével où j'étais avec deux de mes frères : nous partîmes aussitôt, et nous trouvâmes ma mère et toute la famille désolées ; mon grand-père était au plus mal; dès la veille, on lui avait administré les derniers sacrements, et il nous reconnut à peine. C'était, hélas ! la dernière fois que nous le voyions; deux jours après, nous reprenions la route de Glomel pour assister à ses funérailles et consoler notre mère.

C'est ainsi que les tombes se creusaient déjà

derrière nous, et que la mort commençait à nous donner ses leçons.

Mon grand-père, décédé le 10 décembre 1847, fut enterré à côté de ma grand'mère, et leurs restes sont confondus dans le cimetière de Glomel.

En mourant, ils laissèrent pour tout héritage à chacun de leurs trois enfants la somme de 1,000 francs, fruit de longues épargnes. Mais ils leur léguèrent, ce qui valait mieux, le souvenir d'une vie de travail, de probité et d'honneur, et l'exemple de toutes les vertus domestiques.

Sit memoria illorum in benedictione !

XI

NOS DÉPARTS DE LA MAISON

Oh ! ne quittez jamais, c'est moi qui vous le dis,
Le devant de la porte où l'on jouait jadis,
L'église où, tout enfant, et d'une voix légère,
Vous chantiez à la messe auprès de votre mère.

. . . .

Oh ! ne quittez jamais le seuil de votre porte,
Mourez dans la maison où votre mère est morte.

(Brizeux.)

En lisant ces vers du poète breton, que de
fois je me suis pris à envier le sort de ces
heureux habitants de nos campagnes, qui,
après avoir vu leurs enfants grandir autour
d'eux, les conservent encore, devenus jeunes
gens, pour en être aidés dans leurs travaux,

les voient fonder un foyer tout près du leur, et quelquefois même les laissent après eux cultiver leurs champs et mourir sous le même toit où ils moururent eux-mêmes.

Beaucoup de familles n'ont pas ce bonheur ; le jour arrive où les oiseaux s'envolent du nid et se dispersent ; séparation pénible pour les parents, funeste surtout aux enfants, qui se trouvent livrés à eux-mêmes à un âge où, plus que jamais, ils auraient besoin de direction.

Chez nous aussi la force des circonstances amena cet éparpillement, et ce ne fut peut-être pas un bonheur.

J'étais l'aîné, je devais partir le premier ; mais, par une grâce toute spéciale, je ne quittai le foyer paternel que pour entrer dans une maison qui devait être elle-même un nid bien doux pour moi. Suivant la vocation qui me poussait depuis ma petite enfance, j'entrai au grand séminaire. C'était dans les derniers jours de septembre 1843, au lendemain de la mort de ma grand'mère que j'ai racontée plus

haut. Ma mère, encore sous le poids de la première douleur, voulut cependant se joindre à
mon père pour m'accompagner à Saint-Brieuc.
Au cours de la route, il m'en souvient, on me
fit mille recommandations, on me donna les
plus sages conseils, et si j'étais entré dans le
sacerdoce par des vues humaines, ce ne
seraient certes pas mes parents qui me les
auraient inspirées.

A notre arrivée, nous allâmes faire visite
à un vénérable chanoine de la cathédrale,
M. l'abbé Petitbon, ancien aumônier du camp
de Glomel et ami de ma famille ; ma mère me
recommanda à ses bons soins, et cet excellent
prêtre parut très heureux de lui prouver le
bon souvenir qu'il avait conservé d'elle ; il
m'embrassa affectueusement, et pour première
marque d'intérêt, il voulut lui-même me conduire au séminaire où il nous présenta à
l'économe, M. l'abbé Renaut. Cet ecclésiastique, jeune encore, nous frappa par la distinc-
tion de sa physionomie et l'aménité de ses

manières. Il fut pour moi d'une exquise bonté, et quarante ans plus tard, quand il fut devenu chanoine lui-même, ma mère aimait à lui rappeler cette première entrevue.

Nous passâmes la journée à visiter la ville que je voyais pour la première fois ; et, avec sa sollicitude habituelle, ma mère s'occupa de me composer mon petit mobilier de séminariste, auquel elle voulait que rien ne manquât. Enfin, le lendemain matin, après m'avoir recommandé une dernière fois de bien étudier ma vocation, mes parents me firent leurs adieux. Jamais ils ne m'avaient laissé si loin d'eux ; aussi, quand ils me quittèrent à l'entrée de la route de Quintin, éprouvèrent-ils une émotion que je partageai.

Trois ans plus tard, ma mère revint à Saint-Brieuc avec plusieurs autres membres de la famille ; c'était à l'occasion de ma promotion au sous-diaconat. Longtemps à l'avance on avait parlé de ce voyage, et l'on s'en faisait une fête. Il s'accomplit, hélas ! par une véritable température de carême ; jamais vent plus glacial ne souffla sur les landes de Lanfains ; ma pauvre tante Félicité arriva presque gelée. Il n'importe, le plaisir fit oublier la peine et tout le monde était heureux.

Je l'étais moi-même, et ce fut, certes, un beau moment pour moi, lorsque, prosterné sur le pavé du sanctuaire, je m'engageai irrévocablement à Dieu par les vœux sacrés du sous-diacre. Mais ce fut encore ma mère qui eut la plus grande part de la joie de cette fête, et je connaissais assez sa piété pour être assuré qu'elle n'avait, à ce moment, d'autres sentiments que la mère du jeune Samuel, consacrant au Seigneur le fils qu'il lui avait donné.

Le premier départ après le mien fut celui de mon frère Henri. Cette cruelle loi de la conscription, qui cause tant d'alarmes aux pauvres mères, allait commencer à prélever sur nous son tribut. Mon frère Urbain, quand il avait mis la main à l'urne, n'avait pas été favorisé par le sort. On espéra quelque temps que sa vue, un peu altérée à ce moment, serait pour lui un motif d'exemption. Mais le major du conseil de revision jugea qu'il avait l'œil assez bon pour diriger une balle sur un soldat ennemi, et il fut déclaré propre au service.

Ma mère était, ce jour-là, à Plouguernével, célébrant avec nous la fête de saint Louis de Gonzague. Elle avait été fort gaie toute la journée, lorsque, vers quatre heures de l'après-midi, je la vis venir à moi, tout en larmes. Elle venait d'apprendre le sort du pauvre Urbain ; Henri était venu lui porter la nouvelle, et lui annoncer en même temps qu'il se substituait à son frère et s'engageait à servir à sa place ; généreux dévouement, qui permit à Urbain de rester seconder mon père dont l'âge demandait un auxiliaire. Mais il restait toujours un sacrifice à faire pour ma mère, qui aimait si bien tous ses enfants qu'elle n'eût pu dire lequel elle aimait le mieux ; et ce ne fut pas sans un profond chagrin qu'elle vit s'éloigner son fils

Henri pour courir les dangers de la carrière militaire.

Plus tard, François et Frédéric s'en iront, futurs ingénieurs, habiter la ville que le Blavet arrose ; Prosper, à son tour, portant plus loin son vol, ira faire la guerre aux fraudeurs du pays chartrain ; et tous abandonneront ainsi la ruche maternelle.

Tous ces départs successifs attristeront notre mère, dont le bonheur eût été de garder toujours ses enfants près d'elle. Mais elle ne perdra pas de vue tous ces chers absents ; non seulement elle présidera à leur installation dans ces villes étrangères, et fera en sorte qu'ils ne soient logés que dans des maisons sûres : mais elle les recommandera à des personnes de confiance, leur adressera fréquemment ses conseils, et voudra même de temps en temps aller s'assurer de ses propres yeux que rien ne leur manque et que tout est bien pour eux. Elle arrivera aujourd'hui à Pontivy, demain à Loudéac, un autre jour à Carhaix ou à Château-Neuf; longs voyages pour elle, et qui lui occasionneront toujours des fatigues et des embarras. Que de sacrifices surtout elle s'imposera pour ces jeunes surnuméraires qui auront souvent besoin de recourir à la bourse maternelle ! Qu'il est bien vrai de dire que le cœur d'une mère est le chef-d'œuvre de Dieu !

XII

MA PRÊTRISE

> Quid retribuam Domino pro
> omnibus quæ retribuit mihi?
> Que rendrai-je au Seigneur
> pour tous les biens que j'ai
> reçus de lui ?

Le plus grand honneur que Dieu puisse faire
à un homme, c'est de lui mettre au front la
couronne du sacerdoce. Heureuse aussi la
famille qui est choisie pour donner un prêtre à
l'Église ! Rien qu'à ce titre, mes parents et moi
devrions au Ciel une reconnaissance éternelle.

Le 22 décembre 1849, je fus ordonné prêtre
dans la cathédrale de Saint-Brieuc. Mon père,

avec un de mes frères, assistait à la cérémonie, et quand il vint m'embrasser après l'or-
dination, il pleurait à chaudes larmes.

Ma mère n'avait pu, cette fois, faire le voyage
de Saint-Brieuc ; mais quand, le jour suivant,
je parus devant elle, je m'aperçus bien vite
qu'elle vénérait déjà en moi l'onction sacer-
dotale ; et ce respect qu'elle accorda dès le
premier jour à mon caractère de prêtre, elle
ne s'en départit jamais ; au besoin, elle m'eût
appris à honorer mon sacerdoce par l'honneur
qu'elle lui rendait elle-même en moi.

Le jour de Noël, elle assista à la première
messe que je célébrai dans l'église de Glomel,
et j'eus le honheur de la communier de mes
mains nouvellement consacrées ; elle ne pensa
pas alors, ni moi non plus, que de ces mêmes
mains elle recevrait uu jour sa dernière communion.

L'un des jours suivants, je voulus offrir une
part des prémices de mon socerdoce à Mme la
comtesse de Saisy, qui avait été tout parti-

culièrement bonne pour ma mère et aussi pour moi. Nous allâmes ensemble nous acquitter de ce pieux devoir, et je célébrai la messe pour cette noble dame dans la chappelle du château de Ker-Saint-Éloi, en la fête de saint Jean l'Évangéliste.

Puis on commença à parler de ce qu'on appelait mes noces, c'est-à-dire de ma première grand'messe. Ce devait être une fête pour la paroisse qui, de mémoire d'homme, n'avait pas vu de semblable solennité ; ce devait être une fête pour ma famille surtout, et une occasion de réunir nos parents et nos amis.

Mon père et ma mère ne voulaient point se départir dans cette ciconstance de leur simplicité habituelle et de cette sage mesure qu'ils mettaient en toute chose ; ils désiraient cependant qu'une fête aussi exceptionnelle chez nous reçût cette solennité modeste qui convenait au caractère de la cérémonie elle-même, et que demandaient les usages et les bienséances. Le programme fut arrêté dans ce sens, et l'exécution en fut confiée à ma mère, qui se réserva, comme toujours, la plus grande part des fatigues et des ennuis.

Grâce à son esprit d'ordre et de prévoyance et à sa bonne direction, tout fut fait à point, et l'ordonnance de la fête ne laissa rien à désirer. La cérémonie religieuse eut tout l'éclat que permettaient les ressources d'une église de campagne. Je reçus même un honneur que dans ces temps d'heureuse ignorance on décernait aux nouveaux prêtres, au mépris des saintes rubriques qui le défendent : en allant de notre maison à l'église, je marchai sous le dais qui était porté par mon père lui-même et trois de mes frères. Les prêtres de la contrée m'entouraient à l'autel : notre vieux recteur, M. le Goadet, prêcha, et à la communion qui fut nombreuse, ma mère oubliant ses embarras de maîtresse de maison, se plaça au premier rang à la table sainte.

Puis, les agapes d'usage se firent dans une salle improvisée pour la circonstance ; des

tentures blanches ornées de guirlandes de
feuillage la revêtaient dans tout son pourtour ;
au-dessus de la place qui m'était réservée, ap-
paraissaient mes initiales au centre d'une couronne de laurier ; et il me fallut asseoir mon
humble personnage sous cet emblème de
royauté. J'avais à ma droite ma mère, à
ma gauche M. le comte de Saisy, en face de
moi mon père ; puis venaient les parents et les
amis au nombre de soixante à quatre-vingts.
Le dîner fut d'une gaieté grave, comme il
convenait ; je ne sais pourtant si, à une petite
table que je vois encore d'ici, la gaieté fut toujours accompagnée de l'épithète : c'est dire
que la jeunesse y était réunie. A cette époque,
l'usage des toasts ne s'était pas encore intro-
duit dans nos mœurs : on porta donc, sans long
discours, la santé du jeune prêtre, avec un
souhait de longue vie pour le père et la
mère, qui avaient bien droit à une mention
spéciale.

Hélas ! quand je recompose par la pensée

cette joyeuse et sympathique assistance , je m'aperçois que de tous ces convives il en reste fort peu. Aussi faut-il se rappeler que l'amphitryon de ce jour pourrait bientôt célébrer ses noces d'argent.

XIII

LA MORT DE MON PÈRE

Dans le courant de l'année 1854, la perception de Glomel se trouva réunie à celle de
Rostrenen, et mon père fut transféré à cette
nouvelle résidence. C'était un changement
avec avantage.

La nouvelle perception était d'une classe
supérieure avec des appointements plus élevés, ce qui allait accroître les ressources à
une époque où les charges de la famille devenaient plus lourdes. Puis, s'il en coûtait un
peu de quitter Glomel, où étaient nés les enfants, où on laissait la tombe des vieux pa-

rents, on n'allait pas sans un certain plaisir habiter Rostrenen. C'était le lieu de naissance de mon père ; ma mère elle-même y avait passé de bonnes années, et on allait retrouver là de vieux amis et renouer d'anciennes relations. Tout le monde fut donc heureux de cet événement. Moi-même j'y voyais mon profit : de Plouguernével, où j'étais professeur, je me trouverais à la porte de Rostrenen, et je pourrais désormais rapprocher ces visites à ma famille qui m'étaient toujours si agréables.

Immédiatement on s'occupa du déplacement. On fit toutes les dispositions pour le départ de Glomel et l'installation à Rostrenen, où mon père avait déjà pris son service, et vers l'époque de la saint Michel toute la famille était établie avec lui dans la nouvelle résidence. C'était une habitation simple, mais toute neuve, fraîche et commode. Mon père s'y trouvait très bien, ma mère aussi : le séjour de Rostrenen où ils recevaient partout bon accueil leur était très agréable : j'allais les voir tous les

jeudis, et je les trouvais heureux, si heureux
qu'un jour mon père dit à ma mère : Nous
sommes trop bien ici ; tiens ! tu verras, il
nous arrivera quelque chose. Était-ce une vue
de l'avenir ? Peut-être, hélas !

Un matin, c'était un mercredi, le 28 janvier
1857, j'arrivais de Goarec, où je remplissais
secondairement les fonctions de vicaire, et je
me rendais à ma classe de huit heures, quand
on me dit que mon frère Prosper était venu
de très bonne heure me chercher, et, ne
m'ayant pas trouvé, était reparti aussitôt. Je
soupçonnai tout de suite qu'il y avait quelque
chose de grave à la maison. Je ne m'étais pas
trompé : une lettre que je recevais un instant
après m'annonçait que mon père était très mal.
A peine eus-je fini ma classe, que je partis en
toute hâte, j'arrivai vite à Rostrenen, et je
vois encore mon père dans l'état où il s'offrit
à ma vue. Pendant la nuit, il avait été pris
subitement de convulsions nerveuses d'une
extrême gravité ; il s'en était suivi une

congestion au cerveau, et à l'heure où j'entrai dans sa chambre, il était étendu sur son lit, ne donnant d'autre signe de vie qu'une respiration pénible. Je fus effrayé de son état ; mais ce qui me frappa autant peut-être, ce fut la vue de ma mère. Elle était pâle, sa figure était défaite, et sa douleur morne et contenue lui donnait cette expression d'ineffable tristesse que je n'ai vue que chez elle et qui me terrifiait quelquefois.

Je n'avais pas encore célébré la sainte messe : j'allai la dire à l'autel de Notre-Dame de Rostrenen pour mon pauvre père, que je croyais perdu, et pour ma mère, qui le croyait comme moi.

Un mieux se manifesta cependant dans la nuit suivante, la parole revint, et dès le lendemain la crise était passée. Au bout de quelques jours, mon père pouvait même se lever et il revint bientôt à son état de santé ordinaire. Plusieurs le croyaient guéri ; mais le médecin avait déclaré qu'une rechute était à craindre. Ma mère ne le savait que trop ; aussi, dès ce moment, ce fut comme l'épée de Damoclès suspendue au-dessus de sa tête ; il n'y eut plus pour elle ni sécurité ni repos, et ceux qui ont passé par ces angoisses de la crainte savent que la perspective d'un mal imminent est encore plus cruelle que la réalité elle-même.

Ces appréhensions, du reste, n'étaient que trop fondées. Quelques semaines après le premier accident, mon frère Prosper arrivait de nouveau frapper à ma porte de professeur, à la même heure, et porteur, hélas ! du même message. Mon père était retombé, la crise avait même été plus forte, et si je l'avais trouvé bien malade la première fois, je le trouvai, cette fois, encore plus mal, si c'est possible : son état paraissait offrir bien plus de dangers. Néanmoins la maladie subit les mêmes phases, le second accès passa comme le premier. Mais le rétablissement fut plus lent, et, cette fois, toute l'économie de la santé resta troublée ; les forces ne revinrent qu'à demi,la tête surtout demeura sensiblement affaiblie, et cette convalescence n'était rien moins que rassurante. Pourtant mon père sortait quelquefois, et l'un de mes jours de vacances de Pâque, il assista à ma messe et fit sa communion pascale ; ce devait être aussi, sans qu'il le sût, sa communion de viatique.

Quelques jours plus tard, je rentrai à Plouguernével; mais comme j'étais tout près, je profitai du premier après-midi libre pour aller prendre des nouvelles à Rostrenen. Hélas ! je n'étais pas entré à la maison, que je rencontrai ma tante qui venait au-devant de moi, et rien qu'à l'expression de sa figure, je compris ce qu'elle allait m'annoncer : mon pauvre père avait eu une troisième attaque de son terrible mal, et ma mère était encore dans le chagrin.

Le dirai-je, nous nous étions habitués à ces douloureuses péripéties: le dernier accès nous épouvanta moins; nous nous disions qu'il

passerait comme les premiers. Nous ne savions
pas qu'on peut échapper à deux attaques sem-
blables, mais que la troisième est presque in-
failliblement mortelle. Telle devait être l'issue de celle que subissait mon père. Du reste,
nous ne tardâmes pas à reconnaître nous-
mêmes que cette crise serait la dernière : dès
le troisième jour, notre cher malade présentait tous les signes d'une fin prochaine, et ma
mère fut la première à demander pour lui les
derniers sacrements. Je remplis moi-même
ce pieux mais pénible devoir, j'administrai
l'extrême-onction et j'appliquai l'indulgence
de la bonne mort, en présence des membres de
la famille qui se trouvaient à ce moment près
de nous. Nous passâmes le reste de l'après-
midi dans cette chambre qui allait devenir une
chambre mortuaire ; mais le soir, nous enga-
geâmes notre mère à se retirer. Résignée à
son sacrifice, elle embrassa une dernière fois
mon père, à côté duquel elle avait eu soin de
placer une image pieuse, et elle alla passer la

nuit chez une bonne parente que nous avions en ville.

Comme nous l'avions prévu, cette nuit fut la dernière pour mon père. Je m'étais couché un instant, mais, vers minuit, j'entendis de mon lit le bruit de sa respiration qui devenait plus pénible ; je me levai, et j'arrivai pour assister à l'agonie ; je donnai une suprême absolution, et je commençai les prières que l'Église fait réciter au lit des mourants. Ces prières sont belles ; mais pourtant il en coûte à un fils de dire à l'âme de son père : Partez de ce monde, âme chrétienne, au nom du Dieu tout-puissant qui vous a créée.

Quelques instants après, tout était consommé. Mon père mourait à deux heures du matin, le dimanche 3 mai 1857, en la fête de l'Invention de la Sainte Croix ; il avait soixante et un ans.

Dès qu'il fit jour, j'allai porter la nouvelle à ma mère ; elle y était préparée, aussi la reçut-elle avec le calme d'une âme forte et la résignation d'une chrétienne. Elle ne pleura pas au premier moment, et je ne m'en étonnai pas ; je l'avais vue se contenir dans d'autres circonstances. Mais si les grandes douleurs sont souvent silencieuses, elles n'en sont ni moins vives ni moins cruelles.

Le lendemain, nous conduisîmes à l'église le corps de mon père. Tout le clergé du pays s'était réuni, nos parents et une foule considérable d'amis nous accompagnèrent, et plus de cent services furent recommandés par nos connaissances pour l'âme de celui que nous avions perdu : touchants témoignages de sympathie qui furent une consolation pour notre mère, en même temps qu'ils prouvaient l'estime et l'affection dont jouissait celui qui en était l'objet.

Mon père, en effet, était considéré, et méritait de l'être. C'était un honnête et loyal caractère, ayant à un très haut degré le sentiment de l'honneur ; il se fût révolté à la seule proposition d'un acte qui eût impliqué une bassesse. Plus d'une fois même cette délicatesse de sentiments faillit le compromettre. Attaché depuis son enfance aux familles nobles du pays, il avait puisé dans cette société des principes peu en rapport avec les opinions politiques en faveur de son temps, et malgré tous les conseils de la prudence et les exigences d'une position officielle, il eut quelquefois bien de la peine à dissimuler ses convictions ; « il ne pouvait se résigner, disait-il, à mettre sa cocarde dans sa poche. »

Envers tous cependant il savait être poli, bienveillant même, ne pouvant jamais refuser un service ; la bonté était le fond de sa nature, et il se sentait instinctivement porté à soulager tous ceux qu'il voyait souffrir.

A ces qualités du caractère et du cœur, il unissait une tenue irréprochable. Si quelqu'un professa le respect que l'on doit à l'enfance, c'était bien lui : nous n'entendîmes jamais une parole inconvenante sortir de sa bouche; jamais nous ne le vîmes non plus se départir de sa régularité de conduite. À ma connaissance, il ne mit pas une seule fois le pied dans un café, et jamais il ne prit part à ces amusements insensés où tant de pères de famille dépensent dans une partie de jeu l'argent qui, pendant un mois, nourrirait leurs enfants.

Mon père était l'homme du devoir : c'est dire qu'il était avant tout père de famille ; sa maison était pour lui le lieu le plus agréable du monde ; il ne voyait pas de femme comparable à ma mère, et rendre ses enfants heureux était sa seule préoccupation et le but unique de sa vie. Que de traits je pourrais citer de sa paternelle bonté !

Et pourtant, il n'eût pas été bon père de famille s'il n'avait été en même temps bon chrétien. Aussi, eut-il toujours un respect profond pour la religion et ses ministres, et jamais il ne fit chorus avec les libres-penseurs que l'on trouvait de son temps, même en notre pays. Chrétien par ses convictions,

il l'était aussi par la pratique. C'est lui qui
nous donna l'exemple de la dévotion envers
Notre-Dame de Rostrenen, la patronne de son
enfance, pour laquelle il eut toujours un culte
spécial. Fidèle aux saintes lois de l'Église, il
assistait régulièrement aux offices de la paroisse ; jamais l'abstinence du vendredi et du
samedi ne fut violée chez nous ; le jeûne du
carême était lui-même strictement observé ;
et ce régime quadragésinal, auquel la règle de
la Trappe eût trouvé peu de chose à retrancher,
mon père était le premier à s'y soumettre,
quoiqu'il ne le fît pas sans en souffrir.

Sa vie fut donc celle d'un chrétien, et sa
mort, nous l'avons vu, fut le digne couronne-
ment de sa vie.

Précieux héritage de vertus, beaux et saints
exemples du foyer domestique, que nous ne
saurions trop souvent nous rappeler, en bé-
nissant Dieu de nous les avoir donnés dans la
vie de nos parents !

XIV

LE VEUVAGE

Le mariage chrétien est le lien le plus sacré et le plus fort qui puisse unir deux âmes : aussi ce lien ne se rompt-il jamais sans un douloureux déchirement.

Peu d'épouses aimèrent plus chrétiennement leur époux que ma mère n'aima mon père ; comme la femme forte des Proverbes, elle fut *bonne pour lui tous les jours de sa vie, et ne lui causa jamais de peine. Reddet ei bonum, et non malum, omnibus diebus vitæ suæ.* Et, d'un autre côté, *le cœur de son époux se confia toujours en elle. Confidit in eâ cor viri sui.*

Mais de la tendresse même de cette union

devait résulter ce qui arriva dans la séparation, un brisement de cœur dont les effets se
feraient longtemps sentir.

Les préoccupations des funérailles de mon
père, les visites que nous reçûmes à l'occasion
de sa mort, les premiers embarras qui suivirent, firent une certaine diversion au chagrin
de ma mère ; elle restait calme et maîtrisait
sa douleur. Mais un coup bien rude lui avait
été porté, et il s'était fait dans son âme une de
ces blessures qui ne guérissent jamais.

Un changement sensible s'opéra bientôt dans
toute sa personne ; sa physionomie s'assombrit
et prit en quelque sorte la teinte des habits
de deuil qu'elle avait revêtus ; son esprit surtout devint d'une extrême mélancolie, et elle
perdit, pour ne plus la reprendre, cette aimable
gaieté qui autrefois charmait en elle. Elle semblait toujours absorbée dans ses pensées tristes,
prenait à peine part aux conversations et se
montrait ennuyée de tout ; souvent même on
la surprenait pleurant à l'écart.

Sa santé, jusque-là si forte, subit elle-même,
à dater de ce moment, une altération profonde.
Ses goûts changèrent tout à coup, de violentes
douleurs de têtes la prirent, et elle tomba dans
une sorte d'état maladif qui me donnait de
l'inquiétude. Grâce à sa robuste constitution,
elle triompha de cette crise, mais elle ne
recouvra jamais cette richesse de santé dont
elle jouissait précédemment : elle fit même, à
partir de cette époque, plusieurs maladies
graves, qui avaient pour principe ce fond de
chagrin qu'elle porta toujours, plutôt que l'âge
ou toute autre cause étrangère.

A la douleur de la séparation se joignaient,
du reste, les embarras d'une situation des plus
critiques. Le produit de la perception de Rostrenen représentait tout le revenu de la
maison, et mon père une fois mort, ma mère
restait absolument sans ressources. Nous
étions bien six garçons ; mais mon frère Henri
était militaire ; quatre autres, au début de
leur carrière, pouvaient à peine suffire à leur

propre entretien ; et moi, je remplissais les modestes fonctions de professeur au petit-séminaire de Plouguernével. Il fallait pourtant que l'un de nous offrît un asile à notre mère. La Providence amena une combinaison qui parut à tous la plus heureuse. Mes supérieurs, prenant en considération la position exceptionnelle de notre famille, me relevèrent de mon emploi dans l'enseignement, et me nommèrent vicaire à Glomel. Nous avions conservé là la maison que nous habitions précédemment ; j'allais pouvoir m'y installer, ma mère m'y suivrait avec ma tante et ma cousine, qui était devenue notre sœur, et on continuerait la vie de famille comme par le passé. Ce ne serait plus, il est vrai, la maison paternelle, mais ce serait au moins la maison maternelle ; et, ce qui, pour moi, l'emportait sur tout le reste, j'aurais le bonheur, je pourrais dire l'honneur, de recueillir ma mère et de devenir ainsi le gardien de ses vieux jours.

Je quittai donc le petit-séminaire de Plouguernével dès l'époque de la distribution des prix ; on consacra les deux mois de vacances à se reposer des émotions qu'on venait de subir, et, à la fin de septembre, on se réinstallait à Glomel.

XV

RETOUR A GLOMEL

Quelques années s'étaient à peine écoulées depuis que nous avions quitté Glomel ; et pourtant quand nous y revînmes en 1857, il m'apparut sous un aspect différent : les maisons avaient vieilli, les sentiers n'avaient plus le charme que je leur trouvais autrefois, et la physionomie générale du pays avait je ne sais quoi de triste que je ne pouvais définir. Hélas ! c'était mon âme elle-même qui avait pris cette teinte de tristesse.

Mais si j'éprouvais cette impression pénible, que devait ressentir ma mère en revoyant des lieux qui lui rappelaient tant d'années heureuses, et où manquait désormais celui qui avait fait la moitié de son bonheur ? Quoi qu'elle fît, elle ne pouvait me dissimuler ces sentiments de regret pour un passé que le présent, malgré tout le désir que j'en avais, ne remplaçait pas.

Pourtant, elle se remit à sa vie de travail, et, comme elle avait dirigé la maison de mon père, elle dirigea la mienne, que je voulais faire surtout la sienne, se dépensant, s'oubliant toujours elle-même, uniquement occupée du bien être des autres, du mien avant tout.

Tous les mardis, elle allait, quel que fût le temps, faire ses approvisionnements au marché de Rostrenen, supportant les ennuis d'une route pénible, et ne rentrant souvent qu'à la nuit close. Mais si elle comptait pour rien ses propres fatigues, les miennes étaient pour elle un sujet de continuels soucis. Mes visites aux malades qui étaient très fréquentes, la préoccupaient surtout. Elle ne voulait

jamais que je les fisse à pied ; et avant que
je rentrasse, elle m'avait préparé des vête-
ments secs et une chaussure bien chaude. Et
quand on m'appelait la nuit, quelles inquiétudes souvent exagérées par sa tendresse !
Elle voyait des précipices partout, et craignait
toujours que je ne revinsse avec un bras ou une
jambe de moins. Ses appréhensions, du reste,
n'étaient pas dénuées de tout fondement : en
souvenir de mon père, elle avait conservé une
ancienne jument dont elle ne pouvait se ré-
soudre à se défaire ; or, cette pauvre bête,
excellente dans sa jeunesse, avait subi le destin de toute chose : elle avait vieilli, et quand
je la montais, elle me procurait de temps en
temps l'avantage de baiser la terre.

Qu'on ne croie pas cependant que ce tendre
intérêt que ma mère portait à ma santé, eût
pu la pousser à me détourner de me rendre où
m'appelait mon ministère de prêtre : si jamais
j'avais oublié mon devoir, elle eût été la première à me le rappeler.

Ses attentions pour moi ne lui faisaient pas non plus perdre de vue ses autres enfants éloignés de nous ; elle en parlait sans cesse, craignant toujours qu'ils ne manquassent de quelque chose, s'inquiétant dès qu'ils mettaient le moindre retard à lui écrire.

Un matin, je venais de dire la sainte messe, et je rentrais à la maison, quand je rencontre cette pauvre mère qui s'avançait au devant de moi. Elle avait des larmes plein les yeux, et tenait une dépêche à la main. C'était une lettre lui annonçant que mon frère Urbain qui, à ce moment, faisait un intérim à Tréguier, était très gravement malade. Tréguier était à une distance très considérable, et nous avions pour unique moyen de transport un modeste char à bancs découvert. N'importe ; elle fait immédiatement ses préparatifs, commande d'atteler la voiture, et moins d'une demi-heure après, elle était en route, conduite par mon frère Henri, qui venait de rentrer du service. Elle était accompagnée aussi de ma tante, que l'on trouvait toujours chaque fois qu'il y avait un acte de dévouement à accomplir.

Quand nos voyageurs arrivèrent auprès d'Urbain, ils le trouvèrent encore plus mal que ne l'annonçait la dépêche : une fièvre typhoïde du plus mauvais cacractère s'était déclarée, et le médecin avait déjà les plus vives inquiétudes. Le cher malade avait eu du moins la bonne fortune d'être accueilli par une famille amie et dévouée, qui l'entourait de soins, et qui combla d'attentions ma mère elle-même ainsi que ma tante.

Toutes deux passèrent là plusieurs semaines, et m'envoyaient des nouvelles qui étaient loin d'être rassurantes ; la maladie faisait de rapides progrès : un jour même, on m'annonça que mon frère avait reçu les derniers sacrements. C'est qu'en effet le danger était extrême, on n'avait même presque plus d'espoir. Aussi qui pourrait se représenter les angoisses de ma mère, loin des siens, dans une maison étrangère, en présence

d'un fils presque mourant ? Rarement elle sortait, m'a-t-on dit : à peine obtenait-on qu'elle
allàt, à de rares intervalles, respirer pendant
un quart d'heure l'air frais des promenades.
Mais on la trouvait souvent à l'église, au pied
de l'autel de la sainte Vierge surtout, où plus
d'un cierge brûla pour le malade.

Ses prières furent exaucées : après plusieurs
crises aiguës, la fièvre tomba, un mieux se fit
sentir, bientôt même la convalescence fut déclarée, et au bout de quelque temps le médecin permit le départ.

Je vois encore mon frère arrivant à Glomel.
On le disait guéri, et il l'était en effet ; mais,
hélas ! l'état dans lequel il nous revenait me disait assez à quel point il avait été malade, et je
compris ce qu'avait dû souffrir ma mère.

XVI

SÉJOUR A PAULE

Je remplissais depuis quatre années les
fonctions de vicaire à Glomel, lorsque l'administration capitulaire pendant la vacance du
siège épicopal me nomma recteur à Paule, paroisse voisine. Je pris possession de mon nouveau poste dans les premiers jours de février
1862. Ma mère pensait que cette nomination
m'était agréable, aussi s'en réjouit-elle ; et les
fêtes de mon installation avec toutes les dé-
monstrations de satisfaction et de sympathie,
échangées en pareil cas entre le pasteur et

les ouailles, la rendirent encore plus heureuse
que je ne l'étais moi-même.

Pourtant cette nouvelle résidence que j'avais
à lui offrir n'avait guère de charmes. Paule
était un bourg sale et marécageux, isolé de
toute communication et habité par de pauvres
gens dont la société ne pouvait procurer aucune
distraction. La maison que j'allais occuper
tombait en ruines : c'était une laide et mal-
saine habitation, masquée par les murs du
cimetière, à quelques pas des tombeaux et véritable tombeau elle-même. D'ailleurs, c'était
un presbytère, c'est-à-dire un peu de la maison
de tout le monde, et il faudrait renoncer à cette
liberté, à cette tranquillité, en un mot, à tous
ces agréments de la vie de famille dont nous
jouissions dans notre maison de Glomel,

Et pourtant ma mère sut se plier aux exigences de cette nouvelle vie, et dès le premier
jour elle entra dans le rôle que lui imposaient
les circonstances.

Elle commença par aménager mon palais

curial, et il ne fallut pas moins que toute sa vertu d'ordre et de propreté et tout son talent d'installation pour en faire une demeure un peu habitable. Puis, elle continua de donner ses soins aux détails du ménage ; pendant que je m'occupais du ministère extérieur, elle prit pour elle celui des affaires intérieures, et je n'eus jamais qu'à m'en louer. Comme elle le faisait à Glomel, elle alla encore régulièrement s'approvisionner à la ville, se dirrigeant le mardi vers Rostrenen, le samedi vers Carhaix, qui se trouvait à égale distance. Mais ces voyages étaient souvent très pénibles, dangereux même pour elle. Que de fois je tremblai, le soir, en hiver, quand je la savais sur ces affreuses routes de Paule, qui ne me rappelaient que trop fidèlement ce fameux chemin de Quimper-Corentin, où, d'après le malin La Fontaine, le destin envoie les gens quand il veut qu'on enrage. Le bon ange de ma mère la protégea cependant : elle sortit toujours saine et sauve de ces boues et de ces précipices.

Je l'ai dit, elle savait se renfermer dans ses
attributions de maîtresse de maison. Pourtant
elle veillait d scrètement à ce que la paix ne
fût jamais troublée dans mes petits domaines ;
elle voulait que le recteur fût aimé de tous
ses paroissiens ; et si elle voyait se former
quelque petit point noir à l'horizon, elle arrivait bien vite, et par un sage conseil, par une
bonne parole, elle me faisait éviter des frois-
sements et des susceptibilités, ou m'enseignait
quelque moyen de conciliation.

Elle était elle-même bonne et prévenante
pour tout le monde ; aussi était-elle générale-
ment aimée, et si je trouvai quelque sympathie dans la paroisse, c'est à elle que je le
dus. Il y avait surtout un jour dans l'année
où elle se surpassait ; c'est lorsque mes bons
paroissiens m'apportaient leur tribut annuel,
à l'occasion de la quête d'usage : ce jour-là, ma
mère faisait réellement des prodiges d'amabilité. Elle recevait tous ces braves paysans, leur
servait elle-même un dîner qu'ils trouvaient

excellent et surtout leur parlait avec cette bonne simplicité qui les charmait et même avec une facilité d'expression qu'ils admiraient dans une personne sachant à peine quelques mots de leur langue.

Ces bonnes gens ne l'ont point oubliée : aujourd'hui encore, quand je reparais dans ce cher pays, mes anciennes paroissiennes ont toutes, en m'abordant, cette première parole sur les lèvres : *Hag ho mamm ?* Et votre mère ? Et quand je leur dis qu'elle n'est plus, je vois tout de suite une larme leur venir à l'œil.

Pendant mon séjour à Paule, je fis une maladie assez grave ; une fièvre muqueuse me retint plusieurs semaines au lit. Ce fut une nouvelle occasion pour moi d'apprécier le dévouement de ma mère. Non seulement elle me soignait le jour, elle me soignait encore la nuit ; elle installa son lit à côté du mien, et à chaque instant je la voyais se lever et s'approcher de moi pour s'assurer que je n'avais besoin de rien ; pendant tout ce temps, je fus complè-

tement privé de sommeil, mais elle ne dormit
pas plus que moi ; je suis même certain qu'elle
souffrit davantage.

Et les soins qu'elle me donnait, elle les rendait à ma tante Félicité, presque toujours souffrante, et, au besoin, à mes vicaires eux-mêmes.
J'en eus un, entre autres, qui fit chez moi une
fluxion de poitrine. C'était un homme d'une
grande bonté de cœur, malgré certaines excen-
tricités qu'il avait rapportées des casernes :
il avait fait un congé militaire. Or ce bon *ca-
poral*, comme nous l'appelions, fut si recon-
naissant des attentions de ma mère pendant sa
maladie, qu'une fois guéri il ne tarissait plus
d'éloges à son sujet. — *Madame*, disait-il,
*m'a soigné comme son fils : elle a été pour moi
une véritable mère.* Et c'était vrai.

Mais je trouvais souvent que celle qui se
dévouait tant pour les autres aurait dû prendre
soin de sa propre conservation. Pendant les
quelques années que nous passâmes à Paule,
ma mère se donna une entorse assez grave ;

elle eut successivement des fièvres, des névral-
gies, et un érésipèle, avec mille autres misères
qui m'inquiétaient toujours. Je la voyais vieillir, et je constatais avec peine que sa santé
devenait aussi irrégulière qu'elle avait été
soutenue dans le passé. Dieu cependant savait que j'avais besoin d'elle et il me la conservait.

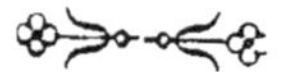

XVII

MARIAGES DE MES FRÈRES

S'il est une chose qui mérite d'attirer l'attention des parents chrétiens, c'est assurément le mariage de leurs enfants ; de cet acte, en effet, dépend tout l'avenir de ces jeunes générations appelées à fonder à leur tour un foyer et une famille.

Ma mère ne pouvait rester indifférente en présence d'un pareil devoir. Depuis longtemps c'était le principal objet de ses préoccupations, et au point de sa vie où nous sommes, elle ne pouvait méconnaître que le temps était venu où mes frères devaient songer à un établisse-

ment. Elle n'était certainement pas impatiente
de les voir s'engager irrévocablement dans un
état où tous ne trouvent pas le bonheur ; mais,
d'un autre côté, elle se garda bien de contrarier
sur ce point leurs inclinations. Elle leur fit à
l'avance toutes les représentations que pouvaient lui dicter son expérience et sa sagesse,
elle les aida de ses conseils, de ses prières
surtout ; et, ce devoir accompli, elle accepta
leurs choix, pensant avec raison que la première condition d'une union heureuse, c'est
la sympathie réciproque.

Le premier mariage dans la famille fut celui
d'Henri, et il mit en liesse tout le beau pays
de Goarec, des bords du canal aux rives du
Blavet : la lande de Lanzel n'avait jamais vu
défiler si belle parade ni réuni société si bril-
lante. A cette occasion, ma mère eut la consolation de voir tous ses enfants ensemble
autour d'elle ; c'est la dernière fois que nous
nous sommes trouvés tous réunis.

Ce fut ensuite le tour d'Urbain, et à Châte-

laudren, comme à Ker-Laurent, la fête fut
joyeuse, malgré les brumes de novembre. Je
crois me rappeler que le bon père Lansard voulut danser un quadrille avec ma mère.

François lui-même vint bientôt nous annoncer qu'il avait fait choix d'une compagne. Cette
fois, nous avions à faire un voyage de long
cours : nous passâmes les Montagnes Noires à
travers ces landes immenses qui s'étendent
entre Paule et Langonnet, et nous allâmes
faire notre premier essai du chemin de fer à
Quimperlé. Le soir, nous arrivions à Auray,
petite ville pleine de souvenirs que j'étais heureux de visiter, et où nous attendait le plus
sympathique accueil. Les noces devaient y avoir
lieu le lendemain. C'est là que je fis la connaissance du vénérable curé de Lorient,
M. l'abbé Charil, oncle maternel de ma jeune
belle-sœur; à notre retour à Lorient, il nous
fit l'honneur de nous retenir à dîner, et il fut
d'une extrême bienveillance pour ma mère et
pour moi.

Ce fut à Lamballe que Frédéric nous appela plus tard. J'allai encore donner la bénédiction nuptiale à ce nouveau mariage, et ma mère fut tout particulièrement heureuse de revoir cette charmante ville qui lui rappelait les meilleurs souvenirs de son enfance. Là, comme partout, elle fut bonne et gracieuse ; et moi qui l'accompagnait toujours, je pus constater qu'à première vue elle gagna les sympathies de toutes les nouvelles familles de ses enfants.

De son côté, elle revint satisfaite de toutes ces fêtes nuptiales, et dire laquelle lui fit le plus de plaisir me serait difficile. A son âge pourtant, et dans la disposition d'esprit où elle était depuis longtemps, elle ne pouvait éprouver beaucoup d'attrait pour de pareilles réjouissances ; mais elle voyait ses enfants heureux, cela suffisait pour qu'elle le fût elle-même.

Prosper, lui aussi, se maria vers la même époque ; à notre grand regret, nous ne pûmes être auprès de lui le jour de ses noces ; mais aussitôt que les circonstances le permirent, ma mère voulut lui donner le même témoignage d'intérêt qu'à ses autres enfants ; elle se rendit à Paris dans le but tout spécial de faire la connaissance de la famille Baltreska et de prouver à sa cinquième belle-fille qu'elle ne l'aimait pas moins que les autres ; et de tous les souvenirs de ce voyage, le meilleur pour elle fut celui de sa première visite au petit intérieur du faubourg Saint-Mandé.

Ma mère vit donc en peu de temps le sort de tous ses enfants fixé. Plus tard, elle ira visiter ces nouveaux ménages, et porter à chacun les conseils de son expérience avec le concours de son dévouement. Tantôt elle sera marraine des nouveau-nés, tantôt elle aura à consoler les jeunes mères auxquelles Dieu demandera quelquefois le même sacrifice qui lui fut imposé à elle-même. Toutes ces petites familles deviendront comme une extension de la sienne ; elle s'associera et aux joies et aux deuils ; et si le bonheur ne règne pas toujours sous ces toits, elle en souffrira la première ; parfois même je serai obligé de lui cacher certaines nouvelles. Et quand elle se trouvera en face de chagrins qu'elle ne pourra adoucir, elle aura sa ressource ordinaire, la prière et la résignation à la volonté de Dieu.

XVIII

MA NOMINATION A GUINGAMP

Au moment où j'étais le plus heureux des recteurs de campagne, dans cette paisible région qu'on appelle la *zone pastorale*, je reçus tout à coup une nouvelle qui me stupéfia. Une lettre de mon évêque m'appelait à la cure de Guingamp en m'annonçant que ma nomination était agréée du gouvernement par un décret impérial du 20 février 1866.

C'était pour moi ce qu'on est convenu d'appeler un brillant avancement, aussi plusieurs me félicitèrent. Ce n'étaient peut-être pas mes meilleurs amis : ceux-ci, avec beaucoup plus

de raison, me plaignirent. Guingamp, en effet, pouvait être, comme me le disait mon
évêque, la première cure du diocèse ; mais ce
n'était pas la moins onéreuse. Une ville où la
société, disait-on, demandait des ménage-
ments, des rapports parfois délicats avec de
nombreuses administrations, les embarras
inévitables d'un pèlerinage très répandu, et
surtout la responsabilité qu'entraîne une paroisse de sept mille âmes, tel était pour moi
le revers de la médaille.

En échangeant donc mon humble paroisse
de Paule contre la belle cure de Guingamp,
j'allais évidemment au-devant d'une charge
cent fois plus lourde. Mais le fardeau de ma
mère devait croître dans la même proportion.

Nous nous étions déjà accoutumés à ces visites toutes fraternelles qui sont dans les habitudes du clergé breton, souvent même nous
en avions senti le charme. Mais si dans tous
les presbytères l'hospitalité s'exerce large-
ment, celui de Guingamp, par sa position

exceptionnelle, est plus qu'aucun autre dans
la nécessité d'ouvrir ses portes aux étrangers : à certains jours, il prend réellement
l'aspect d'une hôtellerie. D'un autre côté,
j'aurais un nombreux personnel de vicaires,
sans parler du mouvement que donnent un
grand nombre de solennités propres à l'église
de Guingamp. Et c'est ma pauvre mère, habi-
tuée à une vie calme, et déjà plus que sexa-
génaire, qui allait se trouver à la tête d'une
maison si considérable et si bruyante. Fran-
chement, j'avais compassion d'elle, et j'aurais
voulu lui épargner un pareil fardeau.

Mais son courage et sa générosité étaient
capables de tout. Surmontant ses répugnances
et n'écoutant que son dévouement pour moi,
elle se mit résolument à l'œuvre. A la cure
de Guingamp, comme au presbytère de Paule,
comme à Glomel, comme partout, elle voulut
connaître tous les sentiers de sa maison : *Con-
sideravit semitas domus suæ;* et depuis le jour
de mon entrée jusqu'à ma sortie, je ne trou-

vai pas une seule fois sa prévoyance en défaut.

Grâce à elle, je pus être tout entier à mes devoirs de pasteur, assuré qu'un œil à qui rien n'échappait veillait à tous les besoins de l'intérieur. L'ordre le plus parfait fut établi dans ma maison, et la bonne tenue du presbytère frappa plus d'une fois nos visiteurs. On n'y vit jamais rien qui sentît le luxe, la table elle-même était modeste et frugale, et pourtant elle était habituellement servie de telle façon qu'un étranger qui se présentait recevait une honorable hospitalité. Mais si le service ordinaire se faisait avec cette bonne simplicité qui répondait entièrement à mes désirs, je pouvais encore, dans les circonstances extraordinaires, me reposer sur ma mère, qui savait aussi ordonner un repas de fête avec le bon goût et la solennité que demandaient les bienséances. Le pardon de Guingamp lui fournissait chaque année une occasion de montrer à cet égard son talent de maîtresse de maison.

Et que de fois il m'arrivait à l'improviste d'illustres visiteurs, amenés par un train du chemin de fer, des prélats qu'attirait le sanctuaire de Notre-Dame de Bon-Secours! Au premier moment, j'éprouvais un certain embarras; mais ma mère arrivait, elle donnait des ordres, elle agissait elle-même, et ma table se trouvait comme par enchantement servie d'une manière digne de mes hôtes. Plusieurs fois, ces nobles pèlerins furent frappés de la réception simple et digne à la fois que leur faisait ma mère. Je me rappelle entre autres l'excellent Mgr Croc, évêque missionnaire au Tonkin, qui la comblait d'amabilités, l'appelant sa bonne *grand'mère*, parce que, disait-il, j'étais moi-même son père, ayant eu l'honneur d'être son surveillant d'étude au petit-séminaire de Tréguier.

Bonne pour les étrangers, ma mère l'était avant tout pour le personnel de la maison. J'avais cinq vicaires pour collaborateurs et pour commensaux, c'est-à-dire cinq caractères différents auxquels il fallait s'accommoder à toute heure, en ménageant ces petites susceptibilités auxquelles la fragilité humaine est si sujette. Que de fois un oubli, une parole peu mesurée, une froideur d'un moment suffit pour troubler l'harmonie entre les âmes les plus saintes! Ma mère sut éviter tous ces écueils; elle fut condescendante et également bonne pour tous mes vicaires, se pliant à leurs goûts et à leur humeur, évitant de s'immiscer dans leur ministère, leur rendant tous les soins que réclamait leur santé, et se montrant pour eux ce qu'elle était pour moi-même, une véritable mère. Plusieurs ne l'ont pas oubliée, et l'ont honorée jusqu'à la fin d'une vénération toute filiale.

Elle paraissait peu dans le monde, elle sentait que sa place n'était pas là, et pourtant quand les bienséances l'appelaient, elle n'hésitait pas à se montrer, et elle portait alors avec elle ce bon genre, cette dignité naturelle qui la faisaient respecter des grands et des petits.

Mais si elle cherchait peu la société au dehors, elle la recevait quelquefois chez elle, et
ce n'était jamais que pour m'éviter un déran-
gement. Plutôt que de me faire descendre au
salon, elle se sacrifiait, ou bien, quand je suc-
combais à la fatigue et ne pouvais prolonger
certaines visites, elle venait, prenait ma
place, et couvrait mes impolitesses de son in-
fatigable amabilité. Que d'ennuis elle m'a
épargnés ainsi !

Sa principale sollicitude était donc pour la
bonne direction de notre maison. Mais ses
soins ne l'occupaient pas tellement qu'elle ne
trouvât encore du temps pour ses nombreuses
pratiques de piété et pour l'exercice de la charité. Tous les jours elle assistait à la sainte
messe et y communiait; toutes les semaines
aussi, elle consacrait régulièrement une après-
midi à travailler dans la société des dames
pieuses dela ville qui s'occupaient de l'œuvre
si intéressante du vestiaire des pauvres.

Des travaux si multipliés ne s'accomplis-

saient pas sans quelque détriment de sa santé.
Plus d'une fois je la vis extrêmement fatiguée,
et j'aurais voulu l'obliger à un repos qu'elle
ne savait jamais prendre. Elle fit même à
Guingamp une maladie qui aurait pu l'enlever;
c'était une forte fièvre muqueuse qui offrait
certain danger, et un jour le médecin me con-
seilla d'appeler son confesseur. Je le fis, mais
en même temps je recommandai ma chère
malade à Notre-Dame de Bon-Secours ; et la
coïncidence d'un rétablissement subit avec
ma prière et mon vœu me permit de voir dans
la guérison une certaine intervention de la
très sainte Vierge. Je crus qu'un ex-voto devait rester aux pieds de la Madone vénérée
comme un monument de ma reconnaissance.

Une des grandes privations de ma mère à
la cure de Guingamp, c'était de ne pouvoir
recevoir les membres de notre famille avec
toute la liberté d'autrefois ; l'exiguïté du pres
bytère et la société qu'on y avait, lui imposaient à cet égard une contrainte pénible. Elle

s'en dédommageait en allant elle-même visiter mes frères aussi souvent qu'elle le pouvait : et ces promenades étaient toujours pour elle le meilleur délassement de ses travaux.

Un jour, une agréable surprise lui fut procurée : à l'arrivée du premier train de Paris, on vit descendre deux voyayeurs au presbytère de Guingamp. C'étaient mon frère Prosper et sa femme qui s'étaient soustraits comme par miracle aux réquisitions de MM. les agents de la Commune, à la veil e des massacres de mai. Ma mère, qui était depuis longtemps sans nouvelle et très inquiète, fut ivre de bonheur en embrassant ses deux enfants, qui lui paraissaient revenir d'outre-tombe.

XIX

MORT DE MA TANTE ET DE MON ONCLE

Quelques mois seulement après notre arrivée à Guingamp, ma mère éprouva un profond chagrin : elle perdit son unique sœur, dont elle ne s'était jamais séparée.

Il y a dans la société toute une classe de personnes dont le monde n'apprécie pas assez les bienfaits et pour lesquelles il est même souvent injuste.

Combien de maisons où l'on trouve une de ces filles désintéressées, véritables anges consolateurs de la famille, et qui semblent n'avoir renoncé à la jouissance d'engendrer des en-

fants que pour être plus libres de se dévouer
aux enfants des autres. Elles sont les institu-
·trices des petits neveux, les suppléantes des
mères, et la compagnie la plus fidèle des vieux
parents. Tantôt elles préparent un pauvre
pécheur à bien mourir ; il en est qui sont
garde-malades à perpétuité ; et toute leur vie
se passe ainsi, partagée entre la prière et
l'exercice journalier d'un obscur dévouement.
Sans être liées par les vœux de la religieuse
et sans en porter l'habit, elles én ont l'esprit et
le cœur.

Telle fut notre bonne tante Félicité : jamais
elle ne vécut que pour les autres. Dès notre
petite enfance, nous passions tour à tour des
bras de notre mère dans les siens ; elle embellit par sa tendresse filiale les dernières années de notre grand-père et de notre grand'-
mère maternels ; et quand elle eut achevé sa
mission auprès d'eux, elle en commença une
autre auprès d'une nièce dont elle voulut être
la mère ; et en meme temps, elle se faisait

l'humble maîtresse de classe de plusieurs jeunes personnes qui n'oublièrent jamais ses bons soins. Jamais elle ne nous quitta, et jamais son dévouement ne nous fit défaut ; elle était de toutes nos joies et de tous nos chagrins, de ceux-ci surtout. Que de fois je l'ai vue consoler notre mère et lui aider à passer des moments difficiles !

Sa piété égalait son dévouement ; après avoir accompli ses devoirs dans la famille, elle s'empressait de se retirer à l'église aux pieds du bon Dieu. Elle avait un attrait tout particulier pour la décoration des autels, et l'église de Glomel lui dut longtemps d'être entretenue dans un état de rare propreté Ma pauvre église de Paule elle-même se vit souvent ornée de fleurs confectionnées de ses mains.

Cette bonne tante n'avait jamais eu qu'une santé chétive ; je ne l'ai guère connue que souffrante, et depuis quelques années surtout sa vie ne se prolongeait qu'à force de soins et de précautions. Quand nous quittâmes ma paroisse de Paule, elle était déjà dans un état de faiblesse extrême, et le voyage de Guingamp acheva de l'abattre. Aussi ne survécut-elle que quelques semaines à mon installation : le jeudi 7 juin 1866, en l'octave du Saint-Sacrement, après avoir reçu en pleine connaissance le saint viatique et l'extrême-onction, elle tomba en agonie. Ma mère venait de quitter sa chambre ; moi-même j'avais dû me retirer un instant, quand on m'appela en toute hâte ; j'arrivai au pied de son lit où veillaient deux sœurs de la Sagesse, et au même moment je la vis s'éteindre doucement. Elle était entrée dans sa soixante et unième année.

Pauvre tante ! se dévouer, prier et souffrir, c'avait été sa vie. Elle était bien bonne, bonne surtout pour moi, qui étais son filleul, et je serais grandement ingrat si son souvenir s'effaçait jamais de mon cœur.

Le surlendemain de sa mort, nous fîmes les funérailles qui furent très solennelles ; plusieurs prêtres vinrent, et la ville de Guingamp, où j'étais encore à peine connu, rendit à notre chère défunte des honneurs auxquels je fus très sensible.

Ma mère n'avait plus qu'un frère, et ce frère lui-même, elle le perdit bientôt. Elle eut du moins la consolation de le voir dans sa maladie, et cette dernière entrevue lui avait laissé d'attendrissants souvenirs.

Mon oncle Victor avait eu des jours pénibles. Il était à peine petit garçon de quinze ans, qu'il dut quitter la maison paternelle pour aller commencer un apprentissage au pays de son père, auprès de parents inconnus ; un jour il partit de Rostrenen avec son petit bagage et un bien léger pécule, pour faire seul et à pied la longue route de Bretagne en Saintonge. Plus tard, comme les autres jeunes gens, il paya sa dette à la patrie par un service de sept ans ; puis il revint se fixer à Dinan. C'est là qu'il se maria et qu'il éleva de nombreux enfants, au prix de beaucoup de sacrifices et de rudes fatigues. C'est là aussi qu'il mourut, le 8 février 1871, usé peut-être avant l'âge par un travail pénible et auquel ne répondaient plus ses forces : il n'avait encore que soixante et un ans.

Mon oncle était un excellent père de famille et un parfait honnête homme, d'un caractère franc et d'un cœur généreux : aussi jouissait-il de l'estime de tous. C'était aussi un vrai chrétien, qui n'oublia jamais les leçons de sa pieuse mère ; il montra surtout ses sentiments religieux durant sa dernière maladie, qui fut longue et douloureuse ; et quand je me rendis à ses funérailles, j'eus la consolation de recueillir de la bouche même de son confesseur l'éloge de sa patience, de sa foi et de sa piété..

Ces deux morts affligèrent beaucoup ma mère, et dans ces circonstances, je fus à même de constater une fois de plus à quel point elle était attachée à tous les siens : elle plaçait ses enfants avant tous les autres, mais elle n'était indifférente pour personne.

XX

A SAINT-BRIEUC

Qu'il est vrai de dire que l'homme ignore quel endroit de la terre recouvrira ses os ! Placé à Guingamp, je croyais y être pour ma vie ; j'avais déjà choisi mon tombeau au cimetière, et j'y avais même fait transférer de Rostrenen les restes de mon père. Je ne connaissais pas l'avenir.

On était en 1871, aux derniers jours de la guerre avec la Prusse. Le vénérable abbé Kermoalquin, chanoine de la cathédrale, venait de mourir, victime de son dévouement, au camp de Conlie. Tôt après, une dépêche épiscopale m'appelle à l'évêché. Je pars le jour même, et je me rends auprès de Mgr David, qui me propose la stalle vacante dans son chapitre, en me disant qu'il avait besoin d'un chanoine encore jeune pour certaines œuvres qu'il avait en vue; il me laissait pourtant libre d'accepter ou de refuser, et il me donnait deux jours pour réfléchir. Je n'eus pas besoin d'autant de temps pour prendre une décision.

Je m'étais fait, il est vrai, à mon ministère de curé; je commençais à connaître Guingamp, je ne m'y déplaisais pas ; mais pourtant je sentais souvent sur mes épaules le poids d'une charge bien lourde; et surtout je voyais que ma mère, qui vieillissait, avait encore plus que moi besoin de repos. Cette dernière considération fixa ma détermination.

Je voulus pourtant prendre l'avis de ma mère elle-même : je lui fis part de la proposition qui m'était faite; et tout de suite, sans penser à elle-même, elle aperçut l'avantage qu'il y aurait pour moi à échanger un poste de fatigues et souvent d'ennuis contre une vie de retraite et de repos.

Mon parti fut donc pris; dès le lendemain, je signai ma démission de curé, et quelques semaines plus tard, je faisais mes adieux aux bons Guingampais, qui, pendant cinq ans et demi, avaient été mes paroissiens, et je quittais, non sans quelque regret, le sanctuaire de Notre-Dame de Bon-Secours.

Je fus installé chanoine de la cathédrale le dimanche 17 juillet 1871. En même temps, je prenais possession d'une maison où j'aurais comme jadis l'avantage inappréciable pour moi de vivre de la vie de famille. Ma mère elle-même parut très heureuse de retrouver la paix de son intérieur et la liberté de son foyer. Elle avait pour compagne ma cousine Victorine, qu'elle considérait comme sa fille, et à laquelle vint bientôt s'adjoindre une élève externe de l'école de la Providence, bonne petite espiègle dont la gaieté fut précieuse aux jours de mélancolie. Puis nous avions notre vieille domestique, cette pauvre *Moareb*, qui ne pouvait se séparer de ma mère, et qui nous avait suivis dans toutes nos migrations depuis Glomel.

Tel était mon nouveau personnel, et c'est dans cet intérieur que ma mère allait passer les douze dernières années de sa vie. C'est là aussi que je l'ai vue de plus près ; et dans ce commerce plus intime, dans ce tête-à-tête de tous les jours, j'ai été mieux que jamais en position de pénétrer dans son âme, et d'y découvrir tout un trésor de vertus cachées sous des dehors simples et modestes.

Cette dernière période de sa vie fut peu mouvementée. Elle visita de temps à autre ceux de mes frères qui demeuraient à proximité de nous. Une fois aussi, elle alla jusqu'à Rostrenen porter les consolations de son amitié à notre cousine Céleste Le Duigou, qui venait de perdre son mari ; puis elle fit un pèlerinage à Sainte-Anne d'Auray. A deux reprises déjà, elle était allée visiter ce pieux sanctuaire, mais elle avait conservé le désir d'y retourner une troisième fois, et un jour elle partit en compagnie d'une bonne dame de sa connaissance pour aller, disait-elle, demander à la patrone des Bretons la grâce d'une bonne mort.

C'est vers le même temps qu'elle désira revoir aussi son lieu natal, dont elle parlait toujours avec un sensible plaisir. Par un beau jour d'été, elle prit donc le chemin de fer avec sa nièce Victorine, et elle se retouva dans cette chère ville d'Uzel qu'elle n'avait pas vue depuis un demi-siècle. Ce ne fut pas sans émotion qu'elle parcourut ces rues, ces places, ces promenades qui lui rappelaient de si agréables souvenirs. Elle faisait voir à sa compagne les maisons où habitaient ses parents, ses amies ; plusieurs de ces maisons avaient conservé leur ancienne physionomie, quelques-unes même gardaient encore les mêmes habitants, et ma mère put renouer de vieilles et douces connaissances. Elle voulut aussi revoir la jolie

chapelle de Notre-Dame de Bonne-Nouvelle,
dont le pardon lui avait procuré jadis quelques-
unes de ses meilleures joies, et elle revint
toute rajeunie de ce voyage. Elle me fit un
long récit de tout ce qu'elle avait vu, me redit
le bon accueil que lui avait fait M. le curé
d'Uzel ; et je reconnus moi-même avec plaisir
que ce dernier regard sur un passé plein de
charmes lui avait procuré une réelle satisfaction.

XXI

LA FEMME PIEUSE

Ma mère avait toujours compris la vraie
perfection, qui consiste pour toute personne
dans l'accomplissement des devoirs que Dieu
lui impose.

A l'époque où notre première éducation réclamait tous ses soins, et plus tard au milieu
des préoccupations que lui donnait la direction
de ma maison à Guingamp, elle sut démêler
dans la religion ce qui est essentiel de ce qui
n'est que de conseil et de surérogation ; et
plus d'une fois elle fit le sacrifice des jouis-
sances qu'elle eût trouvées dans les pratiques

de la piété pour veiller aux intérêts dont elle
était chargée. Mais dans la nouvelle position
que la Providence lui faisait, elle n'était plus
retenue par tant de soucis matériels, et elle
put donner un libre essor aux pieuses aspi-
rations de son cœur qui se portait de lui-même
aux choses de Dieu.

En toute saison, elle se levait à six heures
du matin, et, après avoir elle-même fait sa
chambre, elle allait entendre la sainte messe
à laquelle elle communiait tous les jours;
elle faisait ensuite une action de grâces qu'elle
prolongeait souvent au delà des limites ordinaires. C'est à la chapelle de Nazareth qu'elle
allait le plus souvent, au moins dans les
derniers temps, et toutes les personnes de la
communauté étaient édifiées de sa piété.

Elle approchait régulièrement deux fois le
mois du sacrement de pénitence ; tous les
quinze jours, à la même heure, on la retrouvait
devant le tribunal de son confesseur.

Dans l'après-midi, vers quatre heures, elle

faisait encore une visite à quelque église, et
elle passait alors un temps considérable devant
le Saint-Sacrement. Elle avait des prières de
règle qui dépassaient l'office d'une carmélite,
car elle faisait partie d'une foule de confréries ;
et une fois agrégée à l'une de ces pieuses
associations, elle prenait au sérieux tous ses
engagements : à ma connaissance, elle a con-
tinué jusqu'à la fin à réciter les prières propres
à certaines confréries qui n'existaient plus
depuis fort longtemps.

Elle avait pourtant des dévotions privi-
légiées : le rosaire, par exemple, qu'elle disait
tous les jours, le chemin de la croix, le Sacré-
Cœur, et par-dessus tout peut-être la dévotion
aux âmes du purgatoire, auxquelles elle aban-
donnait toutes ses indulgences et le fruit de
toutes ses bonnes œuvres.

Elle était âgée de plus de soixante-quinze
ans qu'elle faisait encore tous les jeûnes de
l'Église ; et si, dans les dernières années, elle
s'accordait quelque adoucissement, ce n'était

qu'à contre-cœur et par pure condescendance
pour moi.

Nous étions assez loin de la cathédrale, et
sur la fin de sa vie elle ne s'y rendait pas
sans fatigue; mais quoique nous eussions des
chapelles à proximité, quand venait le dimanche, elle tenait à faire acte de bonne
paroissienne, et elle se rendait invariablement
à la grand'messe et aux vêpres de son église;
ce qui lui laissait encore du temps pour
recueillir toutes les bénédictions et entendre
tous les sermons qui se donnaient dans les
nombreuses chapelles de la ville.

Non seulement elle suivait avec une édi-
fiante régularité les exercices du mois de
Marie, mais le mois de saint Joseph, et le
mois du Sacré Cœur et toutes ces autres réunions auxquelles on convoquait les pesonnes
pieuses de la ville étaient assurées d'avance
d'avoir en elle une assistante fidèle.

Elle affectionnait tout particulièrement la
chapelle de Notre-Dame d'Espérance. Que

d'heures elle a passées dans ce pieux sanctuaire , égrenant son chapelet devant la
madone, et priant pour ses enfants et ses
chers morts !

C'est que la sainte Vierge était le principal
objet de sa dévotion et la première confidente
de ses embarras et de ses peines. Elle se faisait
gloire de porter le scapulaire et toutes les
autres livrées de Marie ; elle voulait son
image partout, et partout à la place d'honneur.

J'avais une assez jolie Vierge de Murillo
dans un cadre doré, que j'avais exposée au-
dessus de ma cheminée, dans l'endroit le plus
apparent de la chambre. Or, un jour, je voulus faire une surprise à ma mère. J'avais fait
peindre son portrait d'après une photogra-
phie, sans lui en rien dire ; et une après-midi,
profitant d'un moment où elle était sortie,
j'installai cette précieuse image : mais pour
qu'elle fût mieux en vue, je crus devoir la
mettre à l'endroit occupé par la Vierge, que
je retirai un peu à côté ; puis j'appelle ma

mère. Elle arrive, mais à peine a-t-elle aperçu le portrait, que, sans regarder s'il était ressemblant.« *Comment*, me dit-elle, *tu as retiré la bonne Vierge pour mettre là cette vieille bonne femme?* » Je voulus me défendre, mais peine perdue : pour avoir la paix, je fus réduit à faire remonter la Vierge à sa première place, et à me contenter pour le portrait de ma mère d'un petit coin daus un autre panneau de la chambre.

« Mais plusieurs, dit l'Imitation de Jésus-Christ, font consister toute la dévotion dans les images, les livres pieux, les formules de prières. » Il n'en fut pas ainsi de ma mère : la piété chez elle avait une base plus solide, et surtout elle se manifestait par des vertus

Que de fois j'ai admiré sa force d'âme, sa foi vive, sa confiance inébranlable dans la Providence ! Souvent j'étais déconcerté par certains revers, je me laissais aller à des murmures, je manifestais des craintes pour l'avenir. « *Bah!* me disait-elle, *attends donc, tu verras que tout ira mieux que tu ne penses.* Et, quand, en effet, les événements lui donnaient raison. « *Vois-tu,* répondait-elle, *je te l'avais dit : je savais bien que le bon Dieu arrangerait tout cela.* »

Quelquefois pourtant, il plaisait à la Providence de mettre sa foi à l'épreuve, car elle a eu aussi son calvaire, et souvent je l'ai vue atteinte de coups qui lui allaient jusqu'au cœur. Mais c'est alors surtout qu'elle montrait tout son courage : jamais une plainte, pas un mot qui trahît sa souffrance ; elle n'avait qu'une crainte, c'est que je ne devinasse sa peine. « *Pourvu que l'abbé ne le sache pas,* disait-elle toujours. » C'est tout ce qu'elle désirait : elle se sentait assez de forces pour souffrir pour elle même ; mais faire souffrir les autres, jamais elle n'aurait pu s'y résigner.

En toute chose, du reste, elle portait cet esprit d'abnégation, et je ne crois pas qu'il soit possible de porter plus loin l'oubli de soi-même. Je repasse en vain toute sa vie,

pour y trouver une seule circonstance où elle
aurait pu se rechercher ; toujours je la vois
penser aux autres d'abord, à elle-même après
tous.

Pour une fête, une partie de plaisir, s'il n'y
avait pas de place pour toute la famille, s'il
fallait une personne de garde à la maison, ma
mère se dévouait toujours, elle laissait aux
autres le plaisir de la promenade, et trouvait
le sien à faire un acte de complaisance. La
plus modeste chambre de la maison était toujours celle qu'elle choisissait, et le linge le
plus usé lui revenait comme de droit. Au
foyer, en hiver, elle prenait à peine un petit
coin, de peur de priver un seul de nous de
tout le bienfait du feu. A table surtout, il eût
été impossible de la servir la première ; quand
tout le monde avait puisé au plat, elle le prenait enfin, mais cherchait longtemps, craignant de s'attribuer le morceau qui eût pu encore être convoité par un autre. Tant qu'elle
croyait qu'un mets me faisait plaisir, elle n'y

touchait qu'avec parcimonie et regret : pour
obtenir qu'elle mangeât d'une chose que je savais lui convenir, j'étais obligé de feindre
d'en être dégoûté : alors seulement elle était
à l'aise.

Il n'était pas jusqu'aux domestiques qui ne
dussent passer avant elle. Que de prévenances,
souvent exagérées, pour ces pauvres filles
qu'elle craignait de déranger et dont elle faisait elle-même le travail !

Et que dirai-je de son égalité d'humeur, de
son calme, de sa patience ? Que de fois elle
m'a confondu à cet égard ! Lorsque ma nature
nerveuse, je devrais dire mon immortification
n'eût pu supporter un retard d'un instant, ma
mère aurait pu attendre une journée entière
sans se plaindre ; elle s'accommodait de tout,
ne paraissait gênée par rien ; et cette force
de patience, vraiment incroyable, ce n'était
que le résultat de cette vertu, dominante chez
elle, qui consistait à savoir se gêner toujours
pour ne jamais gêner personne. Les autres

d'abord, elle après tout le monde, telle était
sa devise et la règle de toute sa vie. Aussi,
s'il est vrai de dire que la charité embrasse
toutes les vertus, je puis croire que ma mère
en possédait un assez bel assemblage, et si
cette piété-là n'est pas la vraie, je ne sais
plus où la chercher.

XXII

LA VIEILLESSE

Il en coûte de voir vieillir ceux que l'on aime ; une mère surtout, on la voudrait toujours jeune, on désirerait retenir les années qui s'accumulent sur une tête si chère. En présence de ces ravages du temps sur des êtres bien-aimés, le chrétien a du moins les espérances de la résurrection ; il sait que ces corps qui se courbent vers la terre se renouvelleront, comme l'aigle, dans la splendeur d'une nouvelle jeunesse.

Jusqu'à l'âge de quatre-vingts ans, ma mère avait joui d'une belle et forte vieillesse ; elle

vaquait encore à ses petits travaux dans la
maison, faisait même son lit chaque matin et
suivait toutes ses anciennes habitudes.

Mais elle confirma la parole du roi David,
qui a dit quelque part que la durée de la vie
humaine est pour le plus grand nombre de
soixante ans, de soixante-dix pour quelques-
uns : seuls les forts, les *potentats*, comme il les
appelle, atteignent quatre-vingts ans. *In po-
tentatibus octoginta anni;* et au delà, il n'y a
plus que fatigue et douleur. *Et amplius labor
et dolor.*

Et il en fut ainsi pour ma mère. Elle fut du
petit nombre des *potentats* de la vie; mais
cette limite extrême de quatre-vingts ans une
fois dépassée, ce fut aussi pour elle *labor et dolor.*

A dater de cette époque, je la vis décliner
sensiblement : chaque jour, elle faisait un pas
de moins et je constatais une faiblesse de plus.
Elle perdit d'abord le sens de l'odorat qui s'atro-
phia complètement chez elle; puis, ce fut
l'oreille qui devint paresseuse, et la vue à son

tour baissa considérablement. Ce fut là pour elle la plus grande privation : elle ne pouvait s'habituer à ne plus travailler comme autrefois. Je remarquai aussi que les jambes s'alourdissaient peu à peu, et que tous les mouvements du corps devenaient très pénibles. Un jour, Mgr Bouché, nouvellement sacré, vint lui faire sa visite. Aussitôt qu'elle le vit entrer, elle se mit à genoux pour recevoir sa bénédiction; mais une fois baissée, il lui fut impossible de se relever seule; le prélat dut lui prêter l'appui de son bra

Il y avait même chez elle d'autres symptômes plus alarmants; il lui prenait souvent des espèces de vertiges qui déterminaient des chutes. Étant un jour à table avec moi, elle s'était levée un instant, et au moment où elle allait se rasseoir, je la vis tomber à la renverse sur le plancher du salon : ma bonne et moi nous eûmes mille peines à la relever, et elle resta longtemps le corps tout brisé des suites de cette secousse.

Ces accidents se répétèrent ; elle tombait dans les escaliers, elle tombait même hors de la maison, mais elle me cachait tout. *Ne dites pas à l'abbé*, c'était son refrain ordinaire. Il y avait pourtant des indiscrétions, et j'arrivais toujours à être informé de ces catastrophes qui me mettaient dans des transes terribles.

Je voyais, du reste, d'autres signes d'affaiblissement chez ma mère. Ce qu'elle aimait autrefois, elle ne l'aimait plus, son appétit diminuait sensiblement, et elle éprouvait de fréquentes indispositions. Mais elle avait toujours peur que je ne m'en aperçusse ; elle poussait si loin la délicatesse à cet égard, que, plutôt que de me contrister en m'avouant qu'elle était incommodée, elle mangeait comme de coutume, prenant même souvent des choses que ne demandait pas son estomac et qui devaient la gêner plus tard.

En même temps que la santé s'altérait et que les forces du corps diminuaient graduellement, l'esprit baissait dans la même mesure.

Ma pauvre mère n'avait plus d'autre mémoire que celle du passé, les choses présentes ne pouvaient plus se graver dans son cerveau. Elle aimait beaucoup à assister aux sermons, et elle y prêtait, certes, toute son attention, mais si je voulais l'agacer, je n'avais qu'à lui demander ensuite quel avait été le sujet du discours.

— *Eh bien, maman,* lui disais-je quelquefois sur le ton de la plaisanterie, *vous avez entendu un beau sermon n'est-ce pas ?* — *Très beau,* me répondait-elle aussitôt. — *Mais de quoi donc a parlé le prédicateur ?* — *Attends un peu,* disait-elle... Et elle essayait de se rappeler. Puis, s'impatientant contre elle-même : *Bah !* ajoutait-elle, *pourquoi me demandes-tu de ces choses-là ? Tu sais bien que je n'ai plus de mémoire.* De fait, il lui eût été impossible de me rapporter un seul mot de la prédication.

Dans un pareil état, qu'elle sentait elle-même plus que personne, elle n'aimait plus à sortir, et pourtant la solitude lui était pénible. Dans la matinée, elle faisait encore quelques coutures dans son cabinet, se plaignant toujours de n'avoir plus *ses yeux de vingt ans;* mais l'après-midi, elle la passait le plus souvent chez notre cousine Victorine, qui depuis son mariage habitait encore tout près de chez nous ; ou bien, prenant son tricot, elle allait chez certaines dames de ses amies, où l'on parlait plutôt du temps d'autrefois que de l'histoire contemporaine. J'ai su depuis que, dans les derniers temps de sa vie, ma mère n'apportait qu'un faible contingent à ces conversations : elle se contentait d'écouter les autres, parlant fort peu elle-même et paraissant le plus souvent absorbée dans ses pensées.

Et pourtant, alors même qu'elle était devenue indifférente à tout le reste, il était encore un sujet qui l'intéressait toujours, c'était notre famille. Souvent, le soir, au coin du feu, j'essayais en vain de la faire causer ; mais quand j'avais épuisé toutes mes ressources, j'avais un moyen infaillible de la retirer de ses rêve-

ries : je n'avais qu'à lui parler de mes frères :
alors elle se réveillait, la mémoire lui revenait, et elle se rappelait même les plus petits
détails. Quelquefois, il est vrai, il y avait con-
fusion de noms ; Prosper prenait la place
d'Urbain et François celle de Frédéric ; mais
tout ce qui s'était passé dans la vie de ses enfants lui était toujours bien présent à l'esprit ;
je puis même dire que ses enfants étaient
l'objet consolant et habituel de ses pensées.
Tous les jours elle eût voulu avoir de leurs
nouvelles, et quand je recevais de ces paquets
de lettres que m'attiraient mes fonctions au
secrétariat de l'évêché. *Est-ce de tes frères ?*
me demandait-elle toujours. Et s'il y avait
réellement une lettre de quelqu'un d'eux, sa
figure prenait aussitôt une expression de bonheur. *Voyons donc*, disait-elle. Et je lisais
la missive : mais cela ne la satisfaisait pas
Tu vas trop vite, répliquait-elle; *il n'y a pas
de plaisir avec toi.* Et elle reprenait la lettre,
et la lisait elle même, et la relisait encore

Tant il est vrai qu'au milieu des ruines d'une vie humaine, le sentiment de la tendresse maternelle survit à tout dans le cœur d'une mère !

XXIII

DERNIÈRE CHUTE

Le lundi 8 octobre 1884, ma mère avait assisté le matin à la messe à la chapelle de Notre-Dame d'Espérance ; dans l'après-midi elle se décida à faire emplette d'un vêtement pour son hiver, et elle se rendit à cet effet dans un magasin pour choisir une étoffe ; puis elle revint à Notre-Dame d'Espérance, où elle assista aux prières du Rosaire commandées par le souverain Pontife. Ce fut sa dernière sortie, et ce pauvre manteau que je demandais depuis si longtemps ne devait pas lui servir.

Le lendemain, je venais de dire ma messe

et je prenais mon déjeuner au salon, quand
j'entendis la domestique parlant de la cuisine
à ma mère, qui avait sa chambre à coucher au-
dessus. *Madame*, lui disait-elle, *il fait un peu
froid ce matin, prenez vos habits d'hiver.* — *Oui,
oui*, répondait ma mère. Cependant, comme
elle ne descendait pas, la bonne monta à son
appartement, et la trouva étendue sur le plancher, et n'ayant sur elle que son manteau de
nuit. Elle était tombée, paraît-il, en sortant
de son lit, et elle était là depuis trois quarts
d'heure, essayant en vain de se relever et ne
voulant appeler aucun de nous, et le froid était
très vif. Je montai bien vite moi-même, et j'ai-
dai la bonne à relever ma mère. Mais ce ne
fut pas chose facile ; elle ne pouvait plus se
mouvoir, transie qu'elle était par le froid, et
il lui était absolument impossible d'appuyer
sur la jambe droite. Nous réussîmes cependant à la mettre au lit, et j'appelai immédiatement un médecin. Celui-ci déclara qu'il y
avait fracture de la cuisse ; d'autres préten-

dirent plus tard que ce n'était qu'un froisse-
ment des muscles ; quoi qu'il en soit, à partir
de ce moment, ma mère ne devait plus mar-
cher.

Outre les conséquences de la chute, l'état
général de sa santé m'inquiétait beaucoup.
Elle m'avoua elle-même qu'elle se sentait
indisposée depuis quelques jours, et la veille
elle avait emporté de chez un pharmacien une
bouteille de vin de quinquina qu'elle comptait
prendre en cachette. Elle m'indiqua l'endroit
où elle l'avait déposée.

Elle parut néanmoins se remettre un peu
de cette secousse : un certain appétit lui revint, la jambe même put bientôt faire quelque
mouvement ; et au bout d'une quinzaine de
jours, nous la levâmes et la portâmes sur un
fauteuil dans une chambre voisine.

C'est là qu'elle devait paser les cinq derniers
mois qu'elle avait encore à vivre. Le matin,
nous l'installions sur cette chaise roulante
qu'elle appelait sa voiture, et nous faisions le

voyage d'une chambre à l'autre, la bonne tirant
en avant, moi poussant par derrière ; le soir,
le retour se faisait dans de mêmes conditions.
Ce n'était certes pas un voyage d'agrément,
et surtout nous n'allions pas à grande vitesse.

Pourtant la première amélioration que j'ai
signalée se maintint quelque temps ; bientôt
même notre chère estropiée put voyager à cheval, comme elle disait, c'est-à-dire, avec l'appui
d'un bras d'un côté, et une canne de l'autre ; j'eus
une lueur d'espoir, elle aussi peut-être. Mais
l'illusion s'évanouit vite. Je remarquai chez
ma mère un amaigrissement sensible, elle
changeait à vue d'œil, et elle tomba bientôt
dans un tel état de faiblesse que je reconnus
bien que la vie s'éteignait en elle. Le sentait-
elle comme moi ? Je serais porté à le croire ;
car elle devint d'une tristesse mortelle. Elle
luttait cependant contre elle-même ; à tout
iustant elle essayait ses forces, se soulevant
de son fauteuil, faisant deux ou trois pas devant sa cheminée, ce qui était sa promenade

ordinaire, entreprenant même quelquefois, quand nous n'étions pas là, de faire le tour de la chambre en s'appuyant le long des meubles. Mais elle n'avançait pas, elle tombait même souvent, et elle se déconcertait ; aussi se résigna-t-elle bientôt à ne plus quitter son siège.

Elle n'éprouvait pas de grandes douleurs, me semble-t-il ; mais cette immobilité forcée pour elle, à qui le travail et l'activité avaient constamment été un besoin, et surtout cette dépendance continuelle des autres pour les soins les plus ordinaires, quand elle avait toujours eu horreur de se faire servir par une main étrangère, et un pareil état se prolongeant pendant cinq mois entiers, ce fut non seulement une souffrance, mais un vrai martyre pour ma mère.

Moi aussi je souffrais plus que je ne puis dire de la voir dans une situation que je savais lui être si pénible. Qu'ils étaient tristes les repas que je prenais dans sa chambre ! Elle ne mangeait plus, causait encore moins, et chaque

jourje la voyais dépérir. A la fin, elle ne pouvait plus porter son verre à ses lèvres, ni
même plier sa serviette : elle la tournait et la
retournait en tous sens, se brouillant toujours
et n'arrivant à en faire qu'un paquet informe.
Et pourtant si une femme sut jamais plier le
linge avec une minutieuse symétrie, c'était bien
ma mère.

Quand on avait retiré la table, et que son
fauteuil était retourné devant le foyer, elle
essayait encore de travailler. Je la vis, un
matin, entreprendre un nouveau tricot ; c'était
un bas qu'elle voulait me faire. Ce pauvre bas !
elle ne s'y reconnaissait plus ; elle écoulait ses
points, faisait un tour d'aiguilles, en défaisait
deux ; l'ouvrage reculait au lieu d'avancer, et
je vis de bonne heure que le bas n'arriverait
jamais à terme. Pourtant elle l'avait toujours
devant elle, elle était surtout empressée de le
prendre quand elle m'entendait arriver.

Un jour, ne sachant plus que faire pour la
tirer de sa somnolence et la distraire un peu,

je lui offris une partie de dominos: hélas! je
m'aperçus qu'elle ne pouvait même plus dis-
tinguer les pions. Puis les idées commencèrent
à se brouiller. C'est alors que je fis part à mes
frères de mes inquiétudes qui n'étaient que
trop fondées. Henri était déjà là, Frédéric
vint de Guingamp et une de nos cousines de
Dinan, Prosper lui-même arriva de Paris.

Cette visite fit un sensible plaisir à ma mère;
on dîna en famille, on essaya d'être gai, on
rappela même quelques-unes des bonnes his-
toires d'autrefois, mais notre chère malade se
contentait de sourire.

Quand Prosper la quitta le lendemain, elle
éprouva une visible émotion; et quelques jours
après, quand elle reçut une lettre de lui, cette
émotion se renouvela. Elle lut encore la lettre
sans difficulté; mais elle ne fit plus d'autre
lecture.

Vers le même temps, j'éprouvai moi-même
un rhumatisme assez douloureux. J'en voulus
dire un mot à ma mère pour savoir l'effet que

cela allait lui produire: elle parut complètement indifférente à mon mal, et elle ne m'en
parla plus. A mes yeux, ce fut le plus mauvais
symptôme.

XXIV

LA MORT

Prends ton vol, ô mon âme, et dépouille tes chaînes.
Déposer le fardeau des misères humaines,
Est-ce donc là mourir ?

(LAMARTINE.)

Lorsque le célèbre Père de Ravignan sentit qu'il commençait sa maladie de mort, il s'étendit bien simplement sur son lit, en disant à l'infirmier qui l'assistait : « *Allons, mon cher frère, faisons bien cette affaire-ci.* »

Et de même qu'il avait bien fait toute autre chose, ce saint religieux voulut aussi se bien préparer à mourir.

Il me reste à dire comment celle dont j'ai raconté la vie fit elle-même cette préparation à la mort.

Ma mère, après cette dernière chute, comprit-elle qu'elle ne guérirait pas ? Je le croirais. « *Je ne suis pas levée d'ici,* » me dit-elle dès le premier jour ; et si elle m'avait exprimé toute sa pensée, elle eût dit sans doute : « *Je ne me relèverai jamais !* »

Quoi qu'il en soit, elle vit là un avertissement de Dieu, et elle en profita.

Elle avait toujours eu une grande appréhension de la mort, non pas peut-être qu'elle tînt beaucoup à la vie pour elle-même, mais il lui en coûtait de se séparer de ceux qu'elle aimait, et, d'un autre côté, elle redoutait les jugements de Dieu. « *On ne sait pas comment on sera là-bas,* » disait-elle souvent.

Mais sa grande foi lui avait appris à ne pas attendre la dernière heure ; depuis longtemps son regard était fixé sur l'éternité, et pour se préparer à la mort, elle n'eut qu'à continuer ce qu'elle avait fait tous les jours de sa vie. Cependant, à partir de son accident dont elle mesura les conséquences, elle s'appliqua davantage à épurer son âme, et malgré l'état de faiblesse où elle se trouvait, elle multiplia ses prières et ses pratiques de dévotion. Son confesseur venait la voir à des intervalles réguliers, et au moins une fois la semaine je lui portais la sainte communion. C'était toujours de grand matin, et ces jours-là, elle appelait la bonne au moins trois quarts d'heure d'avance ; elle voulait du linge blanc à son lit et demandait son livre de prières pour faire sa préparation. Son action de grâces n'était ni moins longue, ni moins fervente. Puis elle commençait la longue série de ses prières vocales : elle en avait en l'honneur de tous les saints et pour toutes les intentions, et bien loin d'omettre un seul de ses rosaires de règle, elle en eût plutôt ajouté deux de plus. Elle avait même certaines prières pour lesquelles elle ne se contentait pas d'un respect ordinaire ;

ainsi elle ne croyait pas pouvoir les réciter en restant complètement couchée, mais elle se levait sur son séant à l'aide d'un appareil qu'on avait disposé au pied de son lit, et elle gardait assez longtemps cette posture fatigante en l'honneur de la sainte Vierge ou de saint Joseph. De même, quand elle était sur son fauteuil, elle se levait à certains moments de la journée, pour saluer une image du Sacré-Cœur exposée devant elle, et à chaque fois, elle récitait cinq *Pater* et cinq *Ave*, en se tenant péniblement appuyée sur la devanture de la cheminée.

J'allais quelquefois dans sa chambre lui faire une lecture dans un livre de dévotion, et rien ne la rendait plus heureuse; ces lectures lui semblaient toujours trop courtes.

Mais si sa piété nous édifiait, sa patience nous édifiait encore davantage. Pas une fois, je ne l'entendis se plaindre; le petit repas qu'on lui portait était toujours excellent, son lit toujours bien fait, toute chose à son goût.

On l'eût laissée attendre une demi-journée, qu'elle n'eût demandé quoi que ce soit, ni appelé personne ; pourtant elle n'aimait pas à être seule.

J'admirais surtout la résignation qu'elle montrait à supporter les ennuis de sa maladie. Il lui était très pénible de se voir depuis si long-temps dans le même état, de sentir même qu'elle s'affaiblissait, mais jamais je ne surpris le moindre murmure sur ses lèvres. Quand je m'attristai de ce qu'elle ne guérissait pas, « *tout cela passera,* » disait-elle doucement.

Bientôt cependant, je m'aperçus qu'elle approchait de sa fin, et je crus que le temps était venu de lui administrer les derniers sacrements ; mais, connaissant sa sensibilité, je craignis de lui causer une impression fâcheuse. Ici encore, elle montra la foi et le courage d'une vraie chrétienne.

Ma chère maman, lui dis-je un après-midi où son état me paraissait plus inquiétant que de coutume, *vous voyez que vous êtes toujours*

*bien faible : eh bien, le bon Dieu, vous le savez,
a pensé aux pauvres malades, il a établi deux
sacrements tout exprès pour eux : vous voulez
bien recevoir ces secours-là, n'est ce pas ? — De
tout mon cœur,* dit-elle.

Aussitôt je fis faire dans la chambre les préparatifs de cette cérémonie suprème qui a
deux aspects bien différents, l'un lugubre et
triste pour la nature, l'autre découvrant de s
beaux horizons à la foi du chrétien. J'allai
prendre le Saint-Sacrement à la chapelle de
Notre-Dame d'Espérance, et je donnai à ma
mère le viatique du corps de Notre-Seigneur
Jésus-Christ, qui garde l'âme des pièges du
démon et la conduit jusqu'aux portes de la vie
éternelle. Je lui administrai aussi l'extrême-
onction, et elle reçut ces deux sacrements
dans les conditions où je voudrais les recevoir
moi-même, non pas dans le trouble et la précipi-
tation de la dernière heure, mais avec le calme
d'une âme qui est encore en pleine possession
d'elle-même et capable d'apprécier des grâces

si nécessaires au chrétien qui va faire le voyage de l'éternité.

Vers le même temps, notre nouvel évêque arrivait d'un voyage de Rome. Ayant appris en quel état était ma mère, le prélat s'empressa de venir la visiter, et, par une délicate attention, il lui donna une des premières bénédictions dont l'avait chargé le saint-père.

Alors aussi s'ouvrait le mois de saint Joseph. Hélas ! il était facile de prévoir que nous aurions un deuil avant qu'il fût à sa fin. Je voulus du moins que ma mère profitât des premiers jours, et nous commençâmes ensemble les exercices de ce beau mois consacré au patron de la bonne mort. Déjà une image du bon saint Joseph apparaissait entre les rideaux au-dessus du lit de la malade, qui bien souvent portait là ses regards. C'est vers là aussi que se dirigèrent nos prières communes.

Tous les matins donc, nous faisions notre petit exercice, qui consistait en une courte lecture suivie de la récitation des litanies de saint Joseph et de quelques pieuses invocations. Quelquefois aussi nous disions le chapelet, et j'admirais avec quelle dévotion ma mère récitait cette prière qu'elle avait toujours particulièrement aimée. Souvent elle était assoupie, insensible à tout, répondant à peine aux paroles que nous lui adressions; mais si je lui disais : *Maman, voulez-vous que nous récitions le chapelet? — Oh! avec plaisir*, répliquait-elle aussitôt. Et elle se réveillait, prenait en mains son rosaire qu'elle avait toujours près d'elle, et d'une voix ferme et soutenue elle répondait très distinctement jusqu'au dernier *Ave Maria*.

Bientôt cependant nous dûmes réduire notre exercice à mesure que les forces diminuaient; on supprima la lecture, on abrégea peu à peu les prières, et à la fin il fallut se borner à cette seule invocation :

Jésus, Marie, Joseph, je vous donne mon cœur, mon esprit et ma vie !

Jésus, Marie, Joseph, que je meure paisiblement en votre sainte compagnie !

Saint Joseph nous exauça : la mort approchait, mais elle fut douce.

Depuis quelques jours, ma pauvre mère était d'une faiblesse extrême, ne prenant presque rien, et ne sortant qu'à de rares et courts intervalles de cet état d'assoupissement qui lui était devenu habituel ; plusieurs fois même nous crûmes être à la fin.

Le samedi, veille de sa mort, je ne remarquai pas en elle de changement sensible : elle m'avait encore dit quelques paroles, avait même pris le soir une moitié d'œuf à la coque que je lui fis avaler à l'aide d'une petite cuiller, avec une tranche d'orange que je lui présentai à sucer ; mais ce fut son dernier repas. Dans la nuit, son état s'aggrava, et quand je la vis le lendemain, je compris que cette fois, c'était son dernier jour. Elle était déjà en agonie, aussi je récitai les dernières prières. Cette lutte suprême ne paraissait pas pénible, mais elle se prolongea jusqu'à midi.

Toute la matinée, nous restâmes là, à côté

du lit de ma mère. Vers onze heures et demie seulement, je descendis au salon à manger pour prendre quelque chose en compagnie de ma cousine Victorine et l'une de mes belles-sœurs qui m'assistaient à ce moment : mais à à peine étions-nous à table que nous entendîmes la bonne qui marchait à pas précipités dans la chambre. Nous montâmes en toute hâte ; nous nous agenouillâmes, et il était temps ; ma mère expirait au même instant et je vis mourir sur ses lèvres la dernière flamme de cette vie à laquelle s'était allumée la mienne.

Je confiai aussitôt cette chère âme aux mains des bons anges, en récitant pour elle la belle prière de l'Église : *Subvenite, sancti Dei*, etc. *Accourez, anges du Seigneur, recevez cette âme et portez-la en présence du Très-Haut. Donnez-lui, Seigneur, le repos éternel, et que la lumière qui ne s'éteint jamais brille pour elle !*

Dans l'après-midi, on exposa le corps de ma mère sur son lit, selon l'usage du pays ; la mort avait altéré ses traits, mais leur avait laissé leur bonne et douce expression d'autrefois. Plusieurs personnes vinrent prier dans la chambre mortuaire, des religieuses y psalmodièrent leur office, et notre bon évêque lui-même voulut s'agenouiller devant cette chère dépouille.

Ma mère était morte le troisième dimanche de carème et le seizième jour du mois de saint Joseph, 1884 ; depuis huit jours, elle était entrée dans sa quatre-vingt-deuxième année.

XXV

LES FUNÉRAILLES

> Si pendant le court espace d'une
> heure, j'ai pleuré ma mère, ma
> mère morte à mes yeux, qui donc
> m'en ferait un crime ? Qui oserait
> se moquer de meslarmes ?
>
> (Saint Augustin.)

Le mardi suivant était le jour fixé pour
les funérailles. Mes frère Henri, François et
Frédéric étaient là avec leurs femmes et leurs
enfants. Prosper, qui venait de rentrer à Paris, n'avait pu faire un second voyage; Urbain
avait été empêché lui-même, mais il avait en-

voyé une très belle couronne pour orner le tombeau.

Une assistance aussi nombreuse que sympathique nous accompagna à la cathédrale, tous les membres du chapitre étaient réunis avec le clergé de la ville, et je voyais autour de moi plusieurs prêtres étrangers dont quelques-uns avaient fait une très longue route pour me donner cette preuve de leur amitié pour moi et de leur respect pour la mémoire de ma mère. La présence de ces bons confrères dans cette douloureuse circonstance me fut une bien douce consolation.

L'office des morts fut ce qu'il est toujours, grave et imposant, consolant surtout pour ceux qui sont là pleurant autour d'un cercueil. « Parents chrétiens, leur dit alors l'Église, *ne vous attristez pas comme ceux qui n'ont pas d'espérance... Resurget frater tuus.* Votre frère ressuscitera !

Mgr l'évêque de Saint-Brieuc présida les prières de l'absoute ; puis nous prîmes la route du cimetière. Là, le chœur chanta : « *Je suis la résurrection et la vie, quiconque croit en moi, fût-il déjà mort, vivra;* » le prêtre prononça une dernière fois ce souhait si touchant dans sa simplicité : *Requiescat in pace !* et nous nous retirâmes nous-mêmes, en disant à notre mère : « Au revoir, à la résurrection! »

Quelques jours plus tard, la *Semaine religieuse* du diocèse publiait la note suivante :

« M. le chanoine Chatton, vicaire général, vient d'être séparé de l'excellente mère que la divine Providence lui a laissée, pour sa joie, jusqu'à l'âge de quatre-vingt-deux ans.

« Recteur de Paule, curé-doyen de Guingamp, chanoine titulaire de Saint-Brieuc, partout il l'a eue près de lui, comme le charme et la bénédiction de son foyer. Mais ici-bas, tout passe, et l'heure vient enfin, l'heure amère de la séparation : *Siccine separat amara mors.*

« Mme Chatton était mûre pour le ciel. Après une longue vie, exemplairement chrétienne, toute donnée au devoir, à la piété, elle s'est éteinte au milieu des siens, dans les bras de ses enfants, dans le baiser du Seigneur, et ses œuvres la suivent.

« Heureux ceux qui meurent ainsi ! les regrets qu'ils laissent sont pleins d'espérances.

« Mardi matin, dans la basilique, Monseigneur est venu présider les obsèques auxquelles assistaient tous les membres du chapitre, les prêtres de la ville ou du dehors, en grand nombre, les députations des communautés religieuses et un cortège considérable.

« Sa Grandeur a donné l'absoute. M. l'abbé Perrichon, vicaire général, a fait la conduite au cimetière. »

(*Semaine Religieuse* de Saint-Brieuc, 20 mars 1884.)

CONCLUSION

Veut-on savoir maintenant ce qui m'a porté
à écrire ces lignes? D'abord, comme je l'ai dit
en commençant, je sentais le besoin de tra-
duire au dehors mes sentiments de reconnaissance pour la personne qui m'a le plus aimé
en ce monde, et dont la tendresse pour moi
m'aida plus d'une fois à comprendre l'infinie
bonté de Dieu. Je voulais aussi que la mémoire
de ma mère se conservât parmi ses enfants.
*Memento matris tuæ, ne forte obliviscatur te
Deus.* Souviens-toi de ta mère, dit le Seigneur,
de peur que Dieu ne t'oublie toi-même.

Ces souvenirs tout intimes seraient sans
intérêt pour des étrangers, mais j'ai pensé

qu'ils auraient un certain prix pour la famille. Je les offre donc à mes frères et à leurs enfants comme le meilleur héritage de notre mère.

Puissent ses exemples devenir pour chacun de nous la règle de notre vie !

Noblesse oblige, dit-on. Fils d'une mère si éminemment chrétienne, nous ne pouvons sans dégénérer cesser d'être chrétiens nous-mêmes, et chrétiens complets, par la croyance et par les œuvres.

Mais de ce que je viens d'écrire, que doit-on conclure ? que ma mère était une sorte d'héroïne ? Sans doute, elle a réalisé ce bel idéal de la mère de famille qui, sans sortir du cercle modeste d'une existence commune, remplit ici-bas une des plus belles missions qui puissent être confiées à une femme. Quoi de plus beau, en effet, que d'être associée à l'action créatrice de la Providence dans l'œuvre si excellente de l'éducation des âmes? Cette mission s'accomplit d'ordinaire loin du regard des hommes, dans le silence du foyer domestique; mais dans l'exercice continuel de ce dévouement obscur, il y a place à des vertus qui sont souvent d'un prix inestimable aux yeux de Dieu.

Voilà ce que fut la vie de ma mère. Mais beaucoup font ce qu'elle fit, et le font aussi généreusement. Elle ne fut donc pas une femme extraordinaire.

Fut-elle une sainte? Oh ! non encore : et si l'on voulait lui en attribuer les honneurs, elle serait la première à repousser un titre dont elle se reconnaîtrait si peu digne. Sa vie fut chrétienne, mais elle paya cependant son tribut à la faiblesse humaine, et ses vertus ne furent pas sans quelque mélange de défauts.

Nous garderons donc le souvenir de ses bons exemples, mais en même temps nous demanderons à Dieu de lui pardonner ses fragilités, et selon le vœu de la sainte Église, notre dernier mot, sur celle qui nous a tant aimés, sera une prière.

POUR UNE MÈRE

Deus, qui nos patrem et matrem honorare præcepisti, miserere clementer animæ matris meæ, ejusque peccata dimitte, meque eam in æternæ claritatis gaudio fac videre. Amen.

Seigneur, qui nous avez ordonné d'honorer notre père et notre mère, ayez pitié dans votre clémence de l'âme de ma mère, remettez-lui ses péchés, et accordez-moi la grâce de la revoir dans la joie de la lumière éternelle. Ainsi-soit-il.

FIN

BEATI MORTUI !

Au champ des morts je vais de préférence,
Près des tombeaux je m'arrête rêveur;
Ces croix, ces fleurs, cette ombre, ce silence
Vont à mon âme et reposent mon cœur.

Dans cette enceinte ombreuse et solitaire
Je n'entends plus les vains bruits du dehors;
Je laisse loin les pensers de la terre,
Je me recueille et dis : heureux les morts!

Heureux ces morts, dont la carrière pleine
S'est consommée en un pieux trépas!
Ils sont sortis des luttes de la plaine :
Ces morts chrétiens, oh! ne les plaignons pas.

L'homme des champs, quand finit la journée,
A son foyer vient goûter le repos.
Ainsi des morts la tâche est terminée ;
C'est la moisson couronnant les travaux.

Heureux les morts ! s'ils dorment sous la pierre,
La croix du Christ protège leur sommeil,
En attendant que de l'heure dernière
Les anges saints annoncent le réveil.

Ah ! oui, la tombe où je les vois descendre,
C'est le sillon où le grain est jeté ;
Dépôt sacré que la terre doit rendre,
Germe de gloire et d'immortalité !

Triste jouet des orages du monde,
Nous naviguons vers des bords étrangers ;
Loin devant nous toujours la mer profonde,
Et que d'écueils, hélas ! que de dangers !

Ah ! plus heureux celui qui du rivage
Peut sur les flots reporter ses regards !
Il est au port, à l'abri du naufrage ;
Il ne craint plus la mer et ses hasards.

Bannis du ciel, nous traînons notre chaîne
Sur les chemins de la terre d'exil;
A chaque jour se rattache une peine,
A chaque pas c'est un nouveau péril.

Heureux les morts! ils sont dans la patrie
Qui ne connaît ni trouble ni douleurs;
Ils sont au ciel où de l'âme meurtrie
La main de Dieu daigne essuyer les pleurs.

Ils sont au ciel, réunis à des frères,
Êtres chéris rendus à leur amour;
Là, plus d'adieux, plus de larmes amères;
Les cœurs, au ciel, sont unis sans retour.

Heureux les morts! pour eux plus de mystère:
Dans sa splendeur ils voient l'être divin.
Vision pure et que plus rien n'altère!
C'est un beau jour qui n'a point de déclin.

Ah! quand fuira loin de nous la nuit sombre
Qui nous dérobe, ô beau ciel, ce grand jour
Dieu des vivants, quand irons-nous sans ombre
Jouir de toi dans l'éternel amour?

Près de la croix, sous l'if du cimetière,
Nos corps glacés reposeront alors :
Et le passant, incliné sur la pierre,
Lira ces mots: Bienheureux sont les morts !!!

A. C.

TABLE

972. — Tours, imp. Rouillé-Ladevéze.

www.ingramcontent.com/pod-product-compliance
Ingram Content Group UK Ltd.
Pitfield, Milton Keynes, MK11 3LW, UK
UKHW021641170726
13836UKWH00005B/2317